Melanie Freudenberger

Das Licht in meinem Bauch

Der Weg der Seele

Smaragd Verlag

Über die Autorin

 Melanie Freudenberger, Jahrgang 1981, ist spirituelle Lebensberaterin mit Wurzeln in den medizinischen Lehren.
Als Ehefrau, Mutter von zwei Kindern und selbstständige Unternehmerin bot ihr das Leben selbst die größte Ausbildung und damit wundervolle Möglichkeiten zur persönlichen Weiterentwicklung.

Verschiedene Ausbildungen und Workshops, u.a. bei Susanne Hühn, Mike Köhler und Ralf Freudenberger, lehrten sie die Grundlagen verschiedener Energiearbeiten wie Familienstellen, Chakrenarbeit, Meditationsführung und Schamanismus.

Ihr weiterer Werdegang zeichnet sich durch die Arbeit als Autorin und die Vermittlung ihres Wissens in Seminaren und Workshops aus.

Danksagung

Von Herzen danken möchte ich der Geistigen Welt, die mich so wundervoll durch dieses Buch und den damit verbundenen Transformationsprozess geführt hat.

Danken möchte ich insbesondere meinem Mann und meinen Kindern, ohne die diese Arbeit nicht möglich gewesen wäre.

Des Weiteren, danke ich dem Smaragd Verlag für das Vertrauen in mich und die geschriebenen Worte.

Und ich danke meinem Leben und den darin enthaltenen Begegnungen vieler Menschen und deren Aufgaben und Geschichten.

Inhalt

Vorwort von Susanne Hühn

Liebe Leserin,

was bedeutete es, schwanger zu sein? Was geschieht auf der Seelenebene des Kindes? Wie nehmen die verschiedenen Chakren die Schwangerschaft wahr? Und wie gehe ich als Frau mit all den Veränderungen um?

Der Schoßraum der Frau ist der Ort, an dem sie Leben – alles Leben – nährt und zutiefst mit den Rhythmen des Lebens und des Sterbens verbunden ist. Es ist der heiligste Ort, der empfindsamste, der meistens sogar von den Frauen selbst am wenigsten geachtete und verstandene. In diesem Buch geht es um den Schoßraum, um die Entstehung von Leben, darum, wie sich Seelen inkarnieren, aber auch, wie und warum sie wieder gehen. Sehr achtsam und selbst immer wieder tief berührt schreibt die Autorin über das Wunder, das wir auf Erden erleben dürfen.

Mich berührt dieses Buch sehr, denn es zeigt Aspekte der Inkarnation, die ich so noch nie gelesen oder gehört habe. Es versöhnt, macht Mut und schenkt Trost – besonders in den Zeiten der Schwangerschaft, in denen wir uns alleine fühlen, unsicher sind, Angst haben. Die liebevolle und deutliche Präsenz der Engelwelten und Mutter Marias ist deutlich spürbar, sie nehmen uns an die Hand und in den Arm, zeigen uns, wie die geistige Ebene eine Inkarnation erlebt. Channelings, schamanische Durchsagen und eigene Erfahrung machen dieses Buch besonders und einzigartig.

Susanne Hühn

Einführung

Als ich erfuhr, dass ich schwanger war, war ich tief berührt. Während ich mit meinem Mann schlief, spürte ich die veränderte Schwingung zwischen uns. Ich wusste, irgendetwas war anders als sonst. Das Gefühl zwischen uns, die Umgebung, die verschmolz, und das tiefe anschließende Glücksgefühl, als wir uns in den Armen lagen, war einfach überwältigend. Ein weißes Licht bewegte sich im Raum, und für mich war ganz klar spürbar, dass das der Moment der Empfängnis ist. Das weiße Licht bewegte sich auf meinen Bauch zu, und ich weinte.

Den anschließenden Schwangerschaftstest machte ich nur noch, um schwarz auf weiß zu sehen, dass ich wirklich schwanger war, wirklich ein Kind empfangen durfte.

Der erste Termin beim Frauenarzt war so überwältigend, dass ich vor lauter Freude und Glück keinerlei Fragen an ihn hatte, nicht einmal, wann eigentlich mein Kind nun geboren werden sollte. Es war so aufregend, das kleine Herz schlagen zu sehen, gerade mal Anfang der siebten Woche. Welch ein Wunder doch so ein kleines Menschenkind ist!

So fühlte ich mich bei der ersten Schwangerschaft mit meiner Tochter Laura. Bei meiner zweiten Schwangerschaft sah das anders aus. Ich durfte lernen, dass es nicht wirklich einen richtigen oder falschen Augenblick beziehungsweise Zeitpunkt für eine Schwangerschaft gibt.

Meine Tochter war gerade ein halbes Jahr alt, als ich ein Medium aufsuchte, zu dem ich vollstes Vertrauen habe. Bei dieser Session wurde mir gesagt, es könnte noch fünf bis zehn Erdenjahre dauern, bis die zweite Seele den Weg zu uns suchen würde. Aufgrund dieser Aussage entschied ich mit meinem Mann, absolut im Vertrauen zur Geistigen Welt und deren Aussagen, die Pille abzusetzen. Schließlich brauchte ich keinerlei Hormone zu nehmen, wenn in unserem Seelenplan abgesprochen war, dass es mit einer erneuten Schwangerschaft noch eine Weile dauern würde.

Manche nennen es Dummheit, aufgrund einer solchen Aussage die Pille abzusetzen, andere nennen es, im tiefen Vertrauen zu sein. Ich nenne es Lernprozess.

Vier Monate später, wieder direkt nach dem Geschlechtsverkehr mit meinem Mann, meinte er nun, ich wäre definitiv schwanger geworden. Er hatte dasselbe Gefühl wie ich beim letzten Mal. Ich konnte kaum glauben, was er da sagte, schließlich hatte ich überhaupt kein Gefühl, und die Aussage unseres Mediums ließ mich einfach nicht glauben, dass es zum jetzigen Zeitpunkt so sein könnte.

Ein Schwangerschaftstest bestätigte aber das Gefühl meines Mannes. Für mich brach in diesem Moment das Vertrauen zur Geistigen Welt zusammen. Ich dachte: Wie können die eine solche Aussage treffen und ich so dumm sein, daraufhin die Pille abzusetzen?

Ängste, in unserer jetzigen Situation schwanger zu sein, kamen hoch, wir befanden uns in einer finanziell ungünstigen Situation, wohnten in einer Wohnung, in der wir nicht sein wollten, und wollten nun endlich anfangen, uns beruflich zu verändern. Mein Wunsch, ein Buch zu schreiben, spirituell zu arbeiten, der Wunsch meines Mannes, als Schamane zu arbeiten, rückten weit nach hinten.

Ständige Grübeleien, warum die Aussagen des Mediums falsch waren. Meine Tochter schlief natürlich noch lange nicht durch, ich war sowohl körperlich als auch emotional absolut am Ende. Und nun sollte ein weiteres kleines Menschenkind in mir heranwachsen.

Noch mehr Ängste kamen hoch: Wie sollte ich mein Kind optimal versorgen, es nähren in meinem Bauch? Wie konnte ich dieses Menschenkind genauso lieben wie meine Tochter, wo ich doch an meiner Grenze des Ertragbaren war? Noch eine Geburt, hatte ich doch die meiner Tochter als traumatisches Erlebnis gerade erst hinter mich gebracht. Wie sollte ich das zu diesem Zeitpunkt alles schaffen? Ich fühlte mich verzweifelt und hilflos, allein gelassen von der Geistigen Welt und bestraft durch eine weitere Herausforderung, der ich mich auf keinen Fall gewachsen fühlte.

Jetzt bin ich Ende des sechsten Monats schwanger und sehr glücklich darüber, dass genau zu diesem Zeitpunkt die zweite Seele in mein Leben kommt. Die Ängste, als Mutter für zwei Kinder nicht gut genug zu sein, habe ich immer noch. Aber ich glaube, die verliert man als Mutter nie.

Ich durfte lernen, dass es keinen Unterschied macht, ob das Baby jetzt oder in einem halben Jahr kommt. Die Situationen im Außen mögen eine Schwangerschaft günstig oder ungünstig beeinflussen, aber wirklich etwas verändern kann man nicht. Sicherlich hat eine Mutter, die genügend finanzielle Mittel hat, keine Angst, ihr Kind nicht optimal versorgen zu können, jedenfalls nicht, was die materiellen Dinge betrifft, aber die Ängste, ihr Kind im Bauch nicht optimal nähren zu können, hat jede Frau.

Es geht nicht darum, wie schön man selbst gerade das Leben betrachtet und was sich alles verändert, wenn das Baby da ist, sondern ausschließlich darum, was man auf Seelenebene verabredet hat.

Meine Tochter Laura hat mit uns verabredet, uns alle unsere tief sitzenden Themen zu spiegeln. Das tun alle Kinder, aber Laura ist eines der Kinder des Neuen Zeitalters. Sie akzeptieren keine Lügen, Rechtfertigungen, Ausflüchte oder sonstige destruktiven Begründungen von uns Erwachsenen mehr. Ihr zu erzählen, mir ginge es gut, damit sie nicht das Gefühl hat, mir helfen zu müssen, bringt nur noch mehr das Gefühl in ihr hoch, mir helfen zu müssen, weil ich selbst wohl nicht erkenne, was ich eigentlich für ein Problem habe. Das ist wunderbar. Schwierig, aber zugleich sehr heilend.

Mein Sohn Max, der noch gar nicht geboren ist, hat mit uns verabredet, bereits zum jetzigen Zeitpunkt zu inkarnieren, um uns energetisch komplett zu machen. Als Familie, als Schlüssel für das neue Leben in Leichtigkeit. Das, was wir uns so sehnlichst wünschen, kann erst eintreten, wenn wir als Familie vollständig sind. Er erklärt sich bereit, in Absprache mit uns auf einer höheren Ebene, sich in diese Zeit des Zweifels und der gefühlten Ohnmacht zu inkarnieren, um uns damit auf eine neue Ebene zu helfen. Ist das nicht wunderbar?

Mein Gefühl der Bestrafung durch eine weitere Herausforderung verblasst damit, verschwindet sogar vollständig. Ich fühle mich gerührt von dem Mut unserer Seelen und kann nur tiefen Dank an jeden von uns aussprechen.

Wir haben uns in dieser Zeit eine weitere Herausforderung vorgenommen, um noch schneller ans Ziel zu kommen. Und nicht nur für uns ist es eine Herausforderung, auch für das kleine Menschenkind in meinem Bauch, das die ganzen Strapazen der Empfängnis, der Schwangerschaft und auch der Geburt auf sich nimmt, und das zum Zeitpunkt der körperlichen Müdigkeit seiner Mutter. Im Vertrauen, dass seine Mutter es genauso lieben wird wie seine Schwester.

Ich bin fest davon überzeugt, und es gibt mittlerweile genügend Literatur darüber, dass ein Menschenkind, sobald es beseelt ist, bereits alle Empfindungen der Außenwelt mitempfindet. Daher weiß das Menschenkind in meinem Bauch auch um meine Ängste, Sorgen und Gedanken.

Mit meiner Erzählung möchte ich dir, liebe Leserin, den Mut geben, deine Schwangerschaft nicht immer überschwänglich genießen zu müssen, so, wie es vielleicht von deiner Außenwelt erwartet wird, sondern ehrlich zu dir und deinem Kind zu sprechen, ohne Schuldgefühle oder Vorwürfe dir gegenüber. Frei von Ängsten, in ehrlicher Kommunikation mit dir und deinem Baby. Es ist normal, dass man Zweifel hat, vor Angst fast ohnmächtig wird oder einfach mal nicht mehr weiter weiß. Weint, weil alles zu viel wird, und sogar manchmal an der Richtigkeit der Schwangerschaft zweifelt. Das, liebe Leserin, hat nichts damit zu tun, ob man die Schwangerschaft ursprünglich gewünscht hat oder nicht.

Ich möchte dir Mut machen, zu deinen Gefühlen zu stehen, sie wahrzunehmen, anzuerkennen, und, liebe Leserin: Du darfst sie auch äußern, das ist ganz wichtig.

Ich danke dir dafür, dass du bereit bist, dich auf die Reise der Schwangerschaft einzulassen und als Göttin des Lebens zu fungieren, indem du ein Kind gebärst. Ich danke dir für deinen Mut, deine Kraft und deine Stärke. All das hast du in dir, sonst würde sich die Seele nicht auf den Weg machen. Du kannst tief im Vertrauen sein, alles zu schaffen, denn du bist nicht allein. Fühle dich getragen von der Geistigen Welt. Wenn du das nicht kannst, aus welchem Grund auch immer, dann spüre meine Hochachtung für dich.

Ich danke allen Seelen, die sich auf den Weg machen, um uns als Kollektiv auf die neue Ebene zu heben. Um uns zu zeigen, dass wir in einer Welt leben können, die von Liebe und Achtung geprägt ist. Die den Mut haben, den langen Weg der Inkarnation zu gehen, angefangen vom geistigen Geburtskanal, weg von der heiligen Quelle hin zur Dualität und der göttlichen Einsamkeit.

Die geboren werden in eine Welt des Zweifels und der Hoffnung, der Ängste und des Glaubens, der Gewalt und der Liebe, um uns zu helfen, uns gegenseitig anzunehmen und zu achten.

Ich danke der Geistigen Welt, die mich durch dieses Buch führt, mir damit den Wunsch des Schreibens erfüllt und mir die Möglichkeit gibt, in Richtigkeit zu schreiben. Mir den Mut gibt, meine Geschichte ehrlich und unverblümt zu erzählen und dabei selbst noch etwas zu lernen.

Ich danke meinen Kindern für ihre Unterstützung auf meinem Weg. Dass sie meine Seelenpartner sind und sich mit mir verabredet haben. Das ist das schönste Geschenk auf Erden.

Ich danke meinem Mann, dass er an meiner Seite den Weg mit mir geht. Engel fliegen einsam, heißt es in einem Lied, wir haben das unglaubliche Glück, es dennoch gemeinsam tun zu dürfen. Und ich danke ihm für seine schamanischen Reisen, um mir beim Schreiben des Buches weiterzuhelfen.

Ich danke Gott für seine unermüdliche Liebe zu uns Geschöpfen, selbst dann, wenn wir den Weg scheinbar ohne ihn gehen, uns alleine fühlen, verraten und verlassen. Seine Liebe zu uns ist unendlich und überdauert alles. Ich wünsche uns allen, dass wir den Weg zu ihm zurück finden und diese Liebe leben können.

Melanie Freudenberger

Die Empfängnis

Die Empfängnis findet dann statt, wenn alle beteiligten Seelen sich dazu entschieden haben. An meiner Geschichte sieht man, dass sich solch ein Seelenplan durchaus ändern kann. Es gibt so viele Variablen in diesem Plan, dass wir mit unserem Verstand niemals die Möglichkeit haben werden, alle Aspekte zu überschauen. Demnach können wir niemals wissen, wann die Empfängnis eintritt.

Ich glaube auch nicht, dass wir wirklich einen Einfluss darauf haben. Wir können zwar die Pille absetzen, aber deshalb kommt noch lange keine Seele zu uns. Es gibt genügend Paare, die viele Jahre versuchen, ein Baby zu bekommen, und es will einfach nicht funktionieren. Und es gibt Paare wie uns, die kurz hintereinander zwei Babys bekommen.

Wenn wir auf der Seelenebene entscheiden, dass genau jetzt der richtige Zeitpunkt ist, dann ist es so. Hier auf der Menschenebene sieht das manchmal anders aus, wir sind konfrontiert mit allen körperlichen Empfindungen, die eine Seele in der Form erst nachempfinden kann, wenn sie wirklich inkarniert ist. Eine Seele auf Seelenebene sieht aber das Große Ganze, und wenn wir vertrauen können, dass das, was wir dort entscheiden, immer das Richtige für uns ist, egal, wie es auf Menschenebene von uns empfunden wird, können wir ein großes Stück Heilung erfahren.

Nun hast du mit deiner Seelenfamilie entschieden, dass es an der Zeit ist, dass sich euer Kind auf den Weg macht. Für jedes Menschenkind steht ein Lernprozess dahinter. Du wirst niemals wissen können, was dein Kind lernen möchte, du wirst niemals den Lebensplan deines Kindes wissen können. Du kennst deinen eigenen nicht, auch wenn das manche von uns glauben. Er ist so groß und überwältigend, wir haben keine Möglichkeit, ihn zu erfassen. Du kannst lediglich in dich hineinfühlen und spüren, dass es richtig ist, was passiert, und im Vertrauen zu dir und deinen Entscheidungen auf Seelenebene bleiben. Das ist einfacher gesagt als getan, ich weiß.

Ich kann dir natürlich nun Übungen mit auf den Weg geben, wie man mit seiner eigenen Seele in Kontakt kommt und herausfindet, was der Weg ist. Aber das fühlt sich nicht richtig an, weil Emotionen, das Leben betreffend, gerade in einer Schwangerschaft normal sind. Sie gehören dazu, haben einen tieferen Grund und fangen an, sobald man schwanger ist. Sei ehrlich zu dir selbst und sprich laut zu dir und deiner Seele. Erzähle dir und dem Baby in deinem Bauch, wie es dir geht, wie du dich fühlst und was dich beschäftigt. Genauso was dich freut, denn in einer Schwangerschaft gibt es so viele Momente des Glücks.

Der Weg der Seele

Ich schickte meinen Mann mit der Bitte um nähere Hintergrundinformationen auf eine schamanische Reise. Er traf sich mit seinen Krafttieren und bat sie, uns in Form von Bildern den geistigen Geburtskanal zu zeigen.

Das Thema erwies sich als deutlich komplexer als in unserer Vorstellung. Ich saß ihm gegenüber mit Zettel und Stift in der Hand, bereit, alle Informationen aufzuschreiben und weitere Verständnisfragen zu stellen. Die Reise ging fast zwei Stunden lang, uns rauchten die Köpfe, und wir hatten bis dahin nur einen Teilaspekt des Ganzen sehen können.

Um dir, liebe Leserin, die Informationen zu übermitteln, sodass sie verständlich sind und dir Mut machen, ist es wichtig, vorher genau auf die einzelnen Bereiche einzugehen. Ich hoffe, dir die Spannung dieses Themas näherbringen zu können und dir mit den Bildern Verständnis für die Komplexität des Zusammenspiels zwischen der Geistigen Welt und uns Menschenkindern zu geben.

Für die Beschreibung der einzelnen Bereiche begebe auch ich mich in meinen spirituellen, energetischen Schreibraum, und ich bin erstaunt, was nun wirklich als Text dabei herauskam. Ich lasse ihn genauso, wie ich ihn gespürt habe, die gleichen Informationen, der gleiche Ablauf, denn er ist nicht nur für mich geschrieben, auch wenn es so wirken mag. Er ist für alle Menschenkinder geschrieben, die sich darin wiederfinden. Wenn auch in dir die Sehnsucht nach Leichtigkeit geweckt wird, sei dir sicher, dass du eine

Seele aus der oberen Welt bist. Andernfalls findest du dich im Text über die untere Welt zu Hause.

Die obere Welt

Die obere Welt ist die Welt der Engel, in weißes Licht gehüllt, voller Liebe, Achtung und Verständnis. Sie hütet das Geheimnis um die göttliche Quelle. In voller Anbindung erleben die Seelen harmonisches Gleichgewicht, ein Sein in Licht und Liebe.

Die Schwingung dieser Welt ist sehr hoch. Feine Töne erklingen und lassen das Herz eines jeden höher schlagen, der hier einmal zu Besuch ist, zum Beispiel bei einer Meditation. In der Welt der Engel herrscht vor allem Leichtigkeit. Das Sein auf dieser Ebene ist makellos leicht und luftig. Viele, die uns auf unserer Ebene besuchen, möchten nicht mehr fort.

Du kannst es dir so vorstellen, als wäre dein physischer Körper nicht vorhanden. Du bist du, aber eben nicht mehr begrenzt. Du kannst fliegen, ohne wirklich Flügel zu haben. Die brauchst du nicht, sie sind ein Sinnbild für die Menschenkinder. Du bist erfüllt mit Liebe, die du so nicht erleben kannst, weil sie bedingungslos ist. Sie ist so bedingungslos und grenzenlos, dein Herz würde zerspringen. Auf dieser Ebene gibt es nur Licht, keine Vorurteile und Verurteilungen. Alles ist richtig. Alles ist gut.

In dieser Leichtigkeit zu schwingen, zu schweben, ist ein Erlebnis der Vollständigkeit. An nichts gebunden zu sein, unbegrenzt und frei. Und niemals allein. Alle Geistführer und Helfer, alle Meister und Hüter des Lichts befinden sich auf dieser Ebene und unterstützen die Seelen auf ihrem Weg.

Auch hier erleben die Seelen, die sich gerade nicht auf der Ebene der Menschenkinder befinden, einen Lernprozess – das völlige Sein in Allem-was-ist. Sie baden in Liebe und erholen sich von der anstrengenden Inkarnation.

Von hier aus kann man die Quelle am deutlichsten spüren, ist ihr am nächsten. Deshalb möchten so viele Menschenkinder immer wieder in diese Ebene eintauchen.

Das dürft ihr auch, liebe Menschenkinder, aber versteht, dass das immer nur für einen kurzen Zeitraum geht. Ihr dürft es immer wieder tun, unsere Türen sind niemals verschlossen, aber beachtet, dass ihr die Liebe und das Licht auf die Menschenebene holen wollt. Und das tut bitte auch.

Mit eurer Inkarnation befindet sich eine wichtige Kerze auf der Menschenebene. Ohne diese Kerze wäre die Menschenebene nicht die, die ihr kennt. Ohne diese Kerze würde ein wichtiger Aspekt im Großen Ganzen fehlen.

Oh, liebste Seele, zu der ich gerade spreche, sei gewiss: Du bist geliebt und geachtet für das, was du erlebst. Deinen Mut, deine Stärke, deine Willenskraft und deine Ausdauer, all das sehen wir bewundernd an. Mit staunenden Augen, dass du in jeder Situation aufstehst und weitergehst, ein Engel auf Erden.

Du kommst aus der oberen Welt und bist ein gefallener Engel. Du vermisst Leichtigkeit, sie fehlt dir in deinem Herzen. Du sehnst dich nach ihr.

Hole sie dir zurück. Erinnere dich an das, was du wirklich bist. Ein geliebtes Seelenwesen, voller Wissen und Erinnerung an die göttliche Quelle. Angebunden und niemals allein. Erinnere dich, liebe Seele, erinnere dich!

Die Inkarnation aus der oberen Welt ist sehr schwer. Du verlierst als Seele deine Flügel, wenn du es so sehen magst. Du verlierst deine Leichtigkeit und tauchst ein in die Welt der Dualität, in die Materie, die Begrenzung, und fühlst dich allein, dem Schmerz der Welt ausgesetzt.

Du landest aus der oberen Welt und befindest dich direkt im Mutterleib. Der Körper, der in deiner Mutter heranwächst, ist in diesem Moment beseelt. Alle Empfindungen deiner Mutter empfindest du auch, ohne zu wissen, woher sie kommen und was du damit anfangen kannst. Und dabei spielt es auch keine Rolle, um welche Emotionen es sich handelt, denn, mein liebes Menschenkind, Freude oder Glück hast du als Seelenwesen in der Geistigen Welt auch nicht erfahren. Das sind alles Dinge der Menschenebene. Nichts, mit denen du jetzt bereits etwas anfangen könntest.

Du bist gefangen in einer Welt der Emotionen, und ohne deine Flügel kannst du nicht fliehen. Du fühlst dich erst einmal ausgeliefert. Aber sei unbesorgt, liebe Seele und liebe Seelenmutter, ihr seid ja nicht allein.

Eine Seele im Mutterleib und angekommen auf der Menschenebene durch die menschliche Geburt ist immer noch angebunden an das göttliche Licht. Sie ist noch aufgefangen und wird gehalten. Ein langsames Gewöhnen an die menschlichen Umstände ist wichtig.

Sprich viel mit der Seele in deinem Bauch, streichle deinen Bauch und liebkose ihn, öle ihn ein und sei oft allein mit deinem Bauch. Das hilft euch beiden, eure Zweifel und Ängste loszulassen und euch zu erinnern, dass ihr euch verabredet habt. Ihr habt vereinbart, gemeinsam zu inkarnieren, und so soll es sein.

Den angekommenen Menschenkindern wird die Erdanbindung fehlen. Alle Aufgaben dieser Seelen werden als Grundlage damit zu tun haben. Sie vermissen die Leichtigkeit und fühlen sich durch alles begrenzt. Sie wollen immer noch im Licht baden und schweben.

Ihr könnt sie unterstützen, indem ihr ihnen noch ihre Leichtigkeit lasst. Begrenzt sie nicht, engt sie nicht ein, haltet sie, aber so, dass sie jederzeit fliegen können.

Und vielleicht mögt ihr euch auf eine Reise mit euren Kindern einlassen. Erinnert euch daran, wie das Schweben in Licht war. Macht euch auf und fliegt mit euren Kindern in Gedanken durch die Welt, voller Leichtigkeit und Vertrauen, auch bei einem scheinbaren Absturz gehalten zu werden.

Die Mittelwelt

Die Mittelwelt ist die Welt der Dualität, der Gegensätze. Dunkel und Hell, Nacht und Tag, Winter und Sommer. Es ist die Welt des Schmerzes, der Krankheit, der Gesundheit und des Wohlbefindens, je nachdem, was ihr Menschenkinder daraus macht. In der Mittelwelt sind alle inkarnierten Seelen, die sich auf den Weg gemacht haben, ihren Erfahrungsbeutel zu nutzen und die darin verankerten Aufgaben zu meistern.

Bei eurer Abreise aus der Geistigen Welt habt ihr euch einen Beutel voller Aufgaben gepackt. Dieser Beutel enthält wichtige Informationen und Erinnerungen aus der Geistigen Welt. Er enthält die Erinnerung an die Quelle des Lichts und an euer wirkliches Dasein.

Euer wahres Wesen wiederzuerkennen ist die Hauptaufgabe in diesem Beutel. Hinzu kommt die ein oder andere Verabredung mit einer anderen Seele, beispielsweise mit eurem Partner oder eurem geliebten Kind. Alle diese Verabredungen stehen in Wechselwirkung miteinander.

Die Mittelwelt ist die Zwischenwelt zwischen der oberen und der unteren geistigen Ebene. Hierbei ist keine Wertung enthalten, liebe Menschenkinder, sondern lediglich die einzelnen Erfahrungsbereiche der Geistigen Welt mit ihren unterschiedlichen Schwingungen. Alle Erfahrungen sind von unterschiedlicher Qualität, was nicht Besser oder Schlechter bedeutet, sondern lediglich Ausdruck dessen ist, was ihr daraus gemacht habt.

Die Mittelwelt ist, wie gesagt, die Zwischenwelt. Von hier aus wird ein großer Teil des Ganzen gesteuert. Alle eure Empfindungen und Gedanken werden gesehen und gehört. Sie spielen alle eine Rolle bei den Entscheidungen des geistigen Kollektivs. Das geistige Kollektiv besteht einmal aus euch, liebe Menschenkinder, und einmal aus der oberen und unteren Welt. Die dazugehörigen Helferwesen bilden den großen Strom der Energien.

Eure Beutel werden überwacht wie an großen Monitoren. Jede Entscheidung, die ihr trefft, verändert den Film. Das ist ein großes Geschenk, denn jede Veränderung ist eine Möglichkeit, euer Leben so zu gestalten, wie ihr es gerne hättet. Durch gewisse Reize eures Körpers, beispielsweise Emotionen oder physische Reaktionen, könnt ihr spüren, wann genau ihr mit euch eins seid. Aber darauf werden wir später noch genauer eingehen.

Die Mittelwelt ist auch die Welt der Gesetze. Nicht die der Geistigen Welt, sondern die, die ihr euch selbst geschaffen habt. Ein Kind zu gebären ist ein Geschenk Gottes, und kein Gesetz. Kein einziges Gesetz eurer weltlichen Ebene nimmt darauf Einfluss. Die Menschenebene ist die der Vorurteile und Verurteilungen, aber auch diese schafft ihr euch selbst.

Versucht einmal, euch davon zu befreien, euren Zustand der Schwangerschaft losgelöst zu sehen und das Göttliche darin zu erkennen. Euer Kind kommt nicht zufällig zu diesem Zeitpunkt zu euch. Es ist ein Zusammenspiel mehrerer Faktoren, auf die wir auch noch eingehen werden.

Euch eure Ebene zu erklären ist nicht wirklich notwendig, ihr lebt darin. Das Wichtigste daran ist allerdings die Erklärung, dass ihr euch eure Regeln, Glaubenssätze und Begrenzungen in dieser Ebene selbst erschafft. Und nur ihr könnt sie wieder lösen.

Seid mutig, auch einmal etwas zu tun, was andere nicht tun. Folgt eurem Herzen und nicht eurem Verstand. Euer Verstand ist ein wichtiges Werkzeug, sonst hättet ihr ihn nicht, aber er stört euch doch maßgeblich bei der Ausübung dessen, was ihr wirklich möchtet.

Die Schwangerschaft und die Geburt eines Menschenkindes sind Grenzerfahrungen und tiefe Transformationsprozesse, sowohl für die Frau als auch für das Kind. Es gehört dazu, und es ist wichtig, die Inkarnation der Seele über diesen Weg zu wählen. Geschützt sein im Mutterleib, die Anbindung an die göttliche Quelle noch zu spüren und nach und nach in die Welt der Dualität eingetaucht zu werden.

Eingetaucht ist das richtige Wort. Es ist wie ein Tauchen unter Wasser im Dunklen. Das kleine Menschenkind weiß noch gar nicht, wo es sich befindet. Umso wichtiger ist es für dich, liebste Seelenmutter, dass du dich von Ängsten und Nöten befreist. Sie sind normal, das ist richtig, aber sie begrenzen dich, nehmen dir die Kraft, die du brauchst.

Löse dich von den Glaubenssätzen eurer Gesellschaft und den Regeln, denn sie existieren nur in deiner Illusion. Du machst die Regeln für dein eigenes Leben, und das ist wunderbar. Nutze die Gelegenheit, nutze jede Möglichkeit, die dir gegeben wird, ein wunderbares erfülltes

Leben zu führen. Ein Menschenkind ist eine Möglichkeit, eine Gelegenheit, dich zu erkennen. Wenn du das kleine Menschenkind anschaust, sieh dich darin. Sieh dich, als du in diese Ebene eingetaucht bist. Und erinnere dich an das Gefühl, als du gehalten wurdest. So, wie es immer noch ist.

Du wirst immer noch gehalten, und so werden wir dich auch halten, wenn du dein Menschenkind zur Welt bringst, ihm den Weg in die Ebene der Dualität ermöglichst. Wenn du der Seele die Gelegenheit und die Möglichkeit bietest, ihren Anteil des Seelenplans zu erfüllen. Und du wirst gehalten bei allen Fragen, Zweifeln und Sehnsüchten.

Du bist in einer Zeit der Wandlung mit einem tiefen Heilungsprozess auf der Ebene der Weiblichkeit. Diese wurde kollektiv einmal sehr verletzt, aber darauf gehen wir später noch genauer ein.

Die Weiblichkeit in voller Blüte wieder zurück in deine Erinnerung zu bringen ist die Hauptaufgabe in deinem Beutel, im Zusammenspiel mit der Ankunft deines Kindes.

Wir danken dir für deinen Mut und deine Bereitschaft, ein Kind zu gebären. Erkenne das Göttliche in diesem Akt und erinnere dich an die Quelle des Lichts, der du entsprungen bist.

Egal, ob du aus der oberen oder der unteren Welt inkarniert bist, du bist ein wertvoller Baustein des Großen Ganzen. Erinnere dich mit jeder Faser deines Seins daran.

Erinnere dich!

Die untere Welt

Die untere Welt ist die der Krafttiere und Kraftplätze, der Elfen und Gnome. Es ist die Welt, in der alle Seelen eine tiefe Verbindung zu Mutter Erde haben.

Wenn du diese Welt in deinen Meditationen besuchst, spürst du die Erdanbindung, die Kraft, die von Mutter Erde ausgeht, und kannst dich dieser Kraft mental anschließen. Du kannst dich von ihr nähren, von ihr auftanken lassen, in Situationen, in denen du nicht in deiner eigenen Kraft stehst. In Momenten, in denen dir, wortwörtlich und auch bildlich gesprochen, der Boden unter den Füßen weggerissen wird. Wenn du entwurzelt bist und nicht mehr fest mit beiden Beinen auf dem Boden stehst.

Die Seelen, die hier auf ihre Inkarnation warten, tanken sich auf mit dieser Energie. Sie leben die Energie von Mutter Erde und sind trotzdem angebunden an die göttliche Quelle, nur in einer anderen Qualität. Auch das, liebes Menschenkind, hat nichts mit einer Wertung zu tun. Es ist nur eine andere Form der Energie, eine andere Form des Daseins in Allem-was-ist.

Es gibt in der Geistigen Welt keine Trennung, diese erlebt nur ihr Menschenkinder auf eurer mittleren Ebene. Wir alle, die in der unteren oder in der oberen Welt leben, erfahren uns als Teil des Großen Ganzen mit unterschiedlicher Lebensform, wenn man unser Dasein in der Struktur der Energien einmal so sehen möchte.

Die Seelen, die hier warten, erleben ihr Dasein auf der mittleren Ebene noch einmal als ein anderes Gefühl nach.

Es werden hier andere Themen angesprochen und auch vorbereitet als in der oberen Welt. Die Seelen, die von hier inkarnieren, sind tief verwurzelt, kommen schneller auf der Menschenebene an, aber ihnen fehlt die Leichtigkeit. Sie sind nicht so losgelöst. Die Grundlage der Lebensthemen dieser Seelen ist die Verwurzelung und die Kraft, die sich auf Menschenebene auswirkt.

In der mittleren Welt herrscht Dualität, die Seelen werden in ihren unterschiedlichen Daseinsformen bereits auf diese Dualität vorbereitet. Sie erfahren sich als Teilaspekt des Großen Ganzen, schon unterschiedlich, doch niemals voneinander getrennt.

Es werde Licht im Großen Ganzen, durch jede einzelne Kerze. Jede Kerze, die auf der Erde brennt, ist wichtig für das gesamte Licht der göttlichen Quelle. Du kannst es so verstehen, liebes Menschenkind: Es ist wichtig, die Seelen auf die Energie der Erde auszurichten.

Mutter Erde braucht dringend erdverbundene Seelen, die in der Mittelwelt ihre Energie halten und achten. Sich daran zu erinnern, Mutter Erde zu lieben und zu achten, ist eine Hauptaufgabe in den Inkarnationsbeuteln dieser Menschenkinder. Eure mittlere Welt ist sehr durcheinandergeraten, wobei alles ein Spiel der Dualität ist. Es ist daher wichtig, dass zum Ausgleich der vielen Seelen aus der oberen Welt alle Engel, die noch inkarnieren möchten, bevor der nächste Quantensprung stattfindet, genauso viele Seelen aus der unteren Welt inkarnieren. Als Ausgleich, damit Mutter Erde die hohe Energie genauso bewältigen kann wie ihr.

Auch ihr spürt jederzeit die energetischen Veränderungen auf eurer Ebene. Mutter Erde richtet sich ebenfalls neu aus, dazu braucht sie die Unterstützung der Seelen aus der unteren Welt.

Wenn eine Seele aus dieser Welt inkarniert, hat sie mehrere Möglichkeiten. Auch hier liegt eine Verabredung mit euch Menschenkindern aus der Mittelwelt vor, allerdings ist die Verabredung mit der Frau nicht von erster Bedeutung. Die Zeit liegt mehr im Vordergrund. Es ist jetzt ein wenig schwierig, das in euren Worten zu erklären, denn auch Zeit ist nur ein Ausdruck der Menschheit, sich selbst zu begrenzen.

Seht, in der Geistigen Welt gibt es kein lineares Denken und daher auch keine Zeit. Alles verläuft parallel, gleichzeitig, in unterschiedlichen Dimensionen. Ihr verlauft parallel. Ein Dasein in eurer Form gibt es in der Mittelwelt, aber gleichzeitig existiert ihr noch mit einigen anderen Anteilen in anderen Dimensionen, so, wie immer ein Anteil von euch in der Geistigen Welt verbleibt. Die Seelen kommen, um das Ungleichgewicht auf der Erde auszugleichen. Das ist die Hauptaufgabe.

Wenn du, liebes Menschenkind, dich unbewusst an deinen Seelenplan erinnerst und der Seele zu diesem Zeitpunkt des nötigen Ausgleichs deinen Gebärraum zur Verfügung stellst, kann diese Verabredung eingelöst werden. Sollte aber aus Sicht der Geistigen Welt zu diesem Zeitpunkt keinerlei Impuls zu dir durchdringen und eine Inkarnation der Seele in deinem Gebärraum unmöglich sein, wird eine neue Verabredung getroffen. Wir werden das noch näher erläutern, wenn wir den Inkarnationsbeutel besprechen.

Du kannst es dir aber erst einmal wie folgt vorstellen: Du bist als Frau das Schiff, auf dem die Seele in die mittlere Welt segelt. Von der Lebenstreppe ausgehend, auf der sich die Seele seit dem Anbeginn ihrer Zeit in der unteren Welt befindet, bildest du das Schiff mit dem Angebot deiner Schwangerschaft, damit die Seele von der Treppe über eine Rampe einsteigen darf. Erst wenn sich die Seele im Schiffsbauch befindet, ist der heranwachsende Körper in dir beseelt. Bis dahin kann sich die Seele noch entscheiden einzusteigen, oder eben einen anderen Zeitpunkt oder ein anderes Schiff zu wählen.

Das Gleichgewicht auf der Menschenebene wird zu jeder Zeit beobachtet. Da ihr Menschenkinder ebenfalls Einfluss auf das Gleichgewicht habt, könnte es sein, dass zu diesem Moment eine Inkarnation nicht notwendig ist. Man könnte sagen: Die Inkarnation aus der unteren Welt ist die flexibelste von allen.

Versteht ihr das?

Es ist eine ständige Wechselwirkung zwischen der oberen und der unteren Welt, gemeinsam mit den Einflüssen und Entscheidungen aus der mittleren Welt. Erinnere dich, geliebte Seele aus der unteren Welt, an deine Aufgabe. Erinnere dich an die Anbindung und die Wichtigkeit von Mutter Erde. Ihre Energie hält euch, sie nährt euch und lässt es zu, dass ihr auf dem Boden der Tatsachen bleibt. Dass ihr leben könnt und den Mut und die Kraft habt, alle eure Aufgaben in Form der Dualität zu erfüllen. Als Gegenpol der oberen Welt hält sie euch in der Mitte. Nur beide Energien können euch die Möglichkeit der Gesundheit, der Ausgeglichenheit und der Gelassenheit geben.

Achtet Mutter Erde und ehrt sie täglich in einem kleinen Ritual. Verbindet euch mit ihr, lasst euch von ihr nähren und gebt ihr alles zur Transformation, was nicht mehr zu euch gehört. Sie transformiert es gerne für euch, es ist ihre Aufgabe und bringt ihr selbst den Reinigungsprozess zur Heilung.

Seht euch selbst in ihr. So, wie es Mutter Erde geht, geht es auch euch tief in eurem Inneren. Seid im Einklang mit ihr und erlebt sie jeden Tag.

Der Inkarnationsbeutel

Liebe Menschenkinder, der Inkarnationsbeutel ist nicht so einfach zu erklären. Die Informationen, die darin enthalten sind, mit eurem Verstand erfassen zu wollen, ist das Hauptproblem. Die Aufgaben in eurem Leben stellen ein komplexes Zusammenspiel dar, das mit eurem menschlichen Verstand nicht zu erklären ist. Wir möchten trotzdem versuchen, euch einen Überblick über die Abläufe und Zusammenhänge zu geben, die ihr zum Verständnis eures menschlichen Daseins wünscht.

Der sogenannte Inkarnationsbeutel, stellt ihn euch wirklich einmal als Beutel vor, ist die Ansammlung der gewünschten Erfahrungen für euer Leben. Er ist variabel und lange nicht so ernst zu sehen, wie ihr es auf eurer Ebene tut. Natürlich habt ihr euch gewisse Aufgaben herausgesucht und gewünschte Lernziele gesteckt, aber ihr erlebt eine Zeit des Wandels, und so ist es auch notwendig, diesen Inkarnationsbeutel etwas wandelbar zu gestalten.

Wir haben euch schon beschrieben, dass die Seelen aus der unteren Welt nicht immer nach den Verabredungen inkarnieren. Wenn es der Wandel der Zeit auf der Ebene der Menschen notwendig macht, dass genau in diesem Moment die Seele als Ausgleich auf die Erde kommt, bekommt dieser Aspekt bei der Auswahl den Vorzug.

Ist die ausgewählte Mutter bereit, und sei es nur zum Teil, wird die Verabredung eingehalten. Ist sie nicht bereit und es der Seele unmöglich, zu ihr zu kommen, wird eine andere Mutter gewählt.

Das hört sich für euch erst einmal schlimm an, und wir sehen darin die Gefahr, dass Ängste aufkommen. Das falsche Kind, meine lieben Menschenkinder, kann man nicht bekommen. Es gibt niemals Richtig oder Falsch, alles ist im Fluss, alles ist richtig und gut so, wie es ist.

Wenn ihr als Seelenmutter noch etwas Zeit braucht, um Mutter zu werden, werden die Beutel neu gepackt. Damit habt ihr nach Änderung der Verabredung doch wieder das richtige Kind. Versteht ihr das?

Es geht nicht darum, was ihr irgendwann bei euer Vorinkarnation abgesprochen habt, es geht auch nicht darum, strenge Pläne nach den Gesetzmäßigkeiten eurer Gesellschaft einzuhalten, sondern es geht ausschließlich darum, das Dasein kollektiv zu ermöglichen.

Ein Grundproblem für euer Verständnis ist, dass ihr jeden Menschen einzeln seht, abgetrennt von der göttlichen Quelle, auf sich gestellt. Das seid ihr nicht, meine lieben Kinder, ihr seid niemals allein und auch niemals getrennt.

Ihr erlebt es so, weil es die Aufgabe aller Menschenkinder ist, sich selbst wiederzuerkennen, sich an das wahre Selbst zu erinnern. Wenn ihr also verstehen könnt, dass ihr alle eins seid, versteht ihr auch, dass es nicht notwendig ist, einzelne Seelenverabredungen einzuhalten. Es geht dabei immer um das Große Ganze, das Göttliche, die Verwirklichung einer jeden Seele in der Gemeinschaft.

Jede Seele hat sich bestimmte Erfahrungsbereiche ausgesucht, die sie erleben möchte. Dazu plant sie bestimmte Situationen in ihrem Leben, in denen die Erfahrung möglich ist. Je wichtiger die Erfahrung für die Seele ist, desto mehr solcher Momente wird es in ihrem Leben geben, damit der Erfolg gewährleistet ist. Wir sprechen hier in menschlichen Worten, um es euch zu verdeutlichen. Beachtet aber bitte, dass es keinen Wettstreit unter den Seelen gibt und es nicht wichtig ist, in welcher Schnelligkeit eine Seele ihre Erfahrungen sammelt. Die Erfahrungen der einzelnen Seelen erhalten das Gleichgewicht des kompletten Universums.

Jede gemachte Erfahrung bringt das Kollektiv auf eine andere Bewusstseinsebene. Ihr seht also, selbst die Erfahrungen, die jedes Menschenkind für sich sammelt, sind für alle wichtig. Ihr seid niemals allein. Die Seelen, die in der Geistigen Welt verbleiben, lernen gleichzeitig auch von euren Erfahrungen auf der Menschenebene.

Ein weiterer wichtiger Aspekt ist, dass ihr niemals vollständig inkarniert. Ihr habt alle einen Anteil in der Geistigen Welt. Dieser Anteil, zusammen mit dem geistigen Kollektiv, also allen Ebenen des geistigen Seins, entscheidet, wie und wann der Seelenplan durchzuführen ist. An unserem Beispiel der Mutter, die noch nicht bereit ist, ein Kind zu empfangen, wird nun der Plan neu geschrieben. Nachdem sich ein Anteil der Mutterseele in der Geistigen Welt befindet, hat auch diese Einfluss auf den neuen Plan.

Ein Beispiel: Auf der Menschenebene besteht ein Ungleichgewicht, und es ist an der Zeit, dass sich eine Seele aus der unteren Welt auf den Weg begibt. Das geistige Kollektiv schaut, inwieweit die ausgewählte Mutter bereit ist. Ist das der Fall, schicken ihre Seele und geistigen Helfer Impulse. Sie bekommt beispielsweise ein Gefühl der

Liebe für einen Mann oder spürt den aufsteigenden Kinder-wunsch. Wenn sie den Impulsen nachgeht, ist der Grund-stein für die Empfängnis gelegt. Die Mutter wird das Kind empfangen, die Seele kann inkarnieren und damit das Un-gleichgewicht auf der Menschenebene ausgleichen.

Ist die Mutterseele nicht bereit und hat zum Beispiel zu diesem Zeitpunkt die Erfahrung einer Erkrankung ge-wählt, und es ist der Seele damit nicht möglich, in ihren Körper zu inkarnieren, entscheiden alle beteiligten Seelen auf Seelenebene, was geschieht. Es wird nun eine ande-re Mutter gewählt, und die Seele der Mutter entscheidet gleichzeitig über ihre Erfahrungen. Es kann also gut sein, dass die Mutterseele sich entscheidet, sich mit einer an-deren Seele zu verabreden, oder sie möchte in dieser In-karnation andere Erfahrungen machen und verschiebt die der Mutterschaft in eines der nächsten irdischen Leben.

Alles findet in gegenseitiger Absprache statt und ist mit den einzelnen Seelen in absolutem Einklang. Auch die Zeit spielt hier eine untergeordnete Rolle. Für uns gibt es keine Zeit, kein lineares Denken. Deshalb gibt es auch keine richtige oder falsche Entscheidung, keinen richtigen oder falschen Zeitpunkt.

Die Absprachen eures Inkarnationsbeutels können da-her auch niemals zeitlich gesehen werden. Ihr habt euch Erfahrungen ausgesucht, die auf eurer Ebene eine Zeitan-gabe bedingen.

Am Beispiel der Mutter mit der Erfahrung der Krank-heit mag sich diese Seele den Zeitpunkt der Erkrankung festgelegt haben, aber ein Kind zu empfangen ist kein zeitlicher Faktor. Es ist variabel und demnach jederzeit umzukehren.

Sei nicht besorgt, liebe Seele, die du das gerade liest, es sei dir nochmals gesagt: Es gibt kein Richtig oder Falsch. Du kannst nichts Falsches tun. Das, was aus Sicht der Gesellschaft falsch erscheinen mag, ist für das gesamte Kollektiv in diesem Moment genau das Richtige und wichtig. Ihr lernt alle voneinander, ihr seid alle miteinander verbunden und habt niemals eine wirkliche Trennung der göttlichen Quelle erfahren. Es ist eine Illusion der Dualität. Nicht mehr.

Erinnere dich daran, erinnere dich an deinen Ursprung, an das All-Eine, an die Verbindung der einzelnen Seelen miteinander. Erinnere dich an deine Quelle des Seins, an die Geistige Welt, an deinen Anteil im Großen Ganzen. An dich als Kerze im großen Licht, und du wirst verstehen, dass nichts falsch ist.

Jede Entscheidung, die ihr auf Menschenebene trefft, nimmt Einfluss auf das Gesamte, und das ist gut so. Es ist doch sehr schön zu sehen, dass ihr nicht alleine seid. Dass ihr die Entscheidungen, die ihr trefft, nicht alleine trefft. Und wenn ihr in euren Augen einen Fehler macht, hat er Einfluss auf das Große Ganze. Ihr werdet unterstützt darin, diesen sogenannten Fehler wieder auszugleichen. Versucht einmal, es nicht so streng zu sehen.

Das Leben ist ein Ablauf verschiedener Entscheidungen. Im Hier und Jetzt zu leben, das habt ihr schon oft gehört, ist das Wichtigste. Jede Entscheidung hat eine

Wirkung und verändert den Film auf euren Monitoren. Manchmal wechseln sogar die Schauspieler auf der Bühne des Lebens. Das ist wunderbar, denn jede eurer Entscheidungen bringt den Wandel und ist somit eine Möglichkeit für euch, und damit auch für das Kollektiv, Erfahrungen zu sammeln. Wichtig ist, dass ihr eure Entscheidungen mit dem Herzen trefft und dann wartet. Lasst dem Großen Ganzen Zeit, zu reagieren.

Seht, wie komplex der Ablauf jeder einzelnen Entscheidung ist. Lasst sie auf euch wirken, spürt hinein, entscheidet mit dem Herzen und wartet die Veränderung erst einmal ab. Alles muss sich erst materialisieren. Dafür gibt es unterschiedliche Formen und Variablen, die alle abhängig von den Abläufen der gesamten Menschenebene sind. Lasst es zu, haltet einen Moment inne und fühlt euch getragen bei jeder Entscheidung und Erfahrung, die ihr sammelt.

Ein Kind zu gebären oder nicht ist ein Teil des Großen Ganzen. Ihr habt euch zur Verfügung gestellt, euren Körper, als Ort der Materialisierung eines Lebens. Das ist großartig. Sei unbesorgt, liebstes Menschenkind, es ist alles gut so, wie es ist, und es ist zu jedem Zeitpunkt für euch gesorgt. Auch in scheinbar schwierigen Zeiten seid ihr niemals allein. Erinnert euch daran. Ihr werdet getragen und gehalten. Und ihr werdet geliebt.

Der geistige Geburtskanal

Der geistige Geburtskanal beginnt in der Geistigen Welt, wie wir besprochen haben, einmal in der unteren und einmal in der oberen Welt. Das bedeutet, die Seelen, die sich nicht in der Mittelwelt befinden, erholen sich sozusagen in den Welten der göttlichen Kraft und bereiten sich dort auf ihre nächste Inkarnation vor.

Hier lernen die Seelen aus ihren Erfahrungen. Sie verfügen in der Geistigen Welt nicht mehr über die emotionale Fähigkeit des Erlebens, wie sie es in der Mittelwelt tun, aber über das Erfahrungswissen der erlebten Momente ihres Erdenlebens.

Sie teilen ihre Erfahrungen mit anderen Seelen, auch mit denen aus derselben Seelenfamilie, wenn sich diese ebenfalls in der Geistigen Welt befinden. Hierbei ist die vollständige Ankunft der Seele in der Geistigen Welt wichtig, da nur so alle Erfahrungen auf allen Ebenen geteilt werden können. So lange die Seele sich noch in der Mittelwelt befindet, verbleibt zwar ein Anteil in der Geistigen Welt, aber dieser Aspekt hat die Aufgabe, den ausgesandten Anteil zu führen und zu leiten.

Auch mit den geistigen Helfern und Begleitern werden nun diese Erfahrungen geteilt. Das Erleben sowie das Teilen bringt den Seelen auf allen Ebenen das Wachstum der Inkarnation.

Nun bereitet sich die Seele also auf ihre neue Inkarnation vor. Das bedeutet, alle beteiligten Aspekte – die der geistigen Ebenen mit ihren Helferwesen, die der Mittelwelt mit ihren dualen Formen und die der Seelen als geistiges Kollektiv – entscheiden nun über die Aufgaben der nächsten Inkarnation. Diese können sehr unterschiedlich sein und variabel. Wir sagten euch ja schon, geliebte Menschenkinder: Seht alles nicht so streng.

Ein Grundkonzept, wenn man es so beschreiben möchte, wird erstellt und die Aufgaben darin verankert. Verabredungen, die zur Erfüllung der Aufgaben und Erfahrungssammlung benötigt werden, werden getroffen.

Ist der Inkarnationsbeutel gepackt, wird die Seele langsam auf ihre Ankunft auf der Menschenebene vorbereitet. Die Zeit, die die Seele auf der geistigen Ebene verweilt, ist unterschiedlich lange, wenn man es in euren Worten ausdrücken mag. Die Vorbereitung ist sehr wichtig, denn eure Daseinsform, liebe Menschenkinder, ist im Gegensatz zu der in der Geistigen Welt sehr unterschiedlich. Die Seelen in der Geistigen Welt erleben die Ganzheit, die Leichtigkeit und die Liebe der göttlichen Ebene. Sie verfügen zwar über den erlebten Erfahrungsschatz aus ihren einzelnen Inkarnationen, spüren aber den Schmerz der Trennung von der göttlichen Quelle erst, wenn sie in die Menschenebene eingetaucht sind.

Die Vorbereitung verläuft unterschiedlich, je nachdem, in welcher Ebene sich die Seele befindet. Wir haben ja schon beschrieben, dass die Seelen aus der unteren Welt, bildlich gesprochen, wie über eine Treppe hinauf zu dem ankommenden Schiff gehen, um zum richtigen Zeitpunkt in den Schiffsbauch einzutauchen. Diese Treppe könnte man als Lebenstreppe beschreiben.

Hier werden die verschiedenen Möglichkeiten der Aufgaben durchgespielt. Auf dieser Treppe erlebt die Seele schon einmal grob ihr Leben auf der Menschenebene, natürlich ohne den emotionalen Anteil, denn über diesen verfügt sie noch nicht. Das bedeutet, sie kann nicht spüren, aber vorab sehen, welche ihrer Aufgaben Einfluss auf ihre Mitseelen nimmt und, vor allem, welche Entscheidungsmöglichkeiten sie hat. Sie wählt aus der Seelenebene die für sie den Lernprozess am besten unterstützende aus, und diese wird in den Inkarnationsbeutel gepackt.

Du erinnerst dich, liebes Menschenkind, wir sagten dir bereits, dass dein Körper in Erinnerung an den Seelenplan auf gewisse Dinge in deinem Umfeld reagiert. Dein Körper geht in Resonanz mit dir und deinem Umfeld, und anhand dieser Reaktionen fühlst du, ob du dich innerhalb deines Lebensplans befindest oder nicht. Auch das, was du nicht sehen beziehungsweise fühlen kannst, befindet sich darin, liebstes Menschenkind. Wir sagten ja schon, ihr könnt nichts Falsches tun.

Wenn ihr eine Entscheidung trefft, auf die euer Körper nicht in Erinnerung reagiert hat, habt ihr nur eine andere Möglichkeit der Entscheidung gewählt. Damit ändern sich zwar die Monitore eures Lebens, aber ihr habt alle Möglichkeiten vorab durchgespielt. Ihr seid auf Seelenebene auf alles vorbereitet. Auch wenn es euch Menschenkinder in eurem Leben durcheinander wirft, versucht einmal zu spüren, ob und wie euer Körper mit der jeweiligen Entscheidung in Resonanz gegangen ist. Aber macht es euch nicht so schwer, ihr seid niemals allein und könnt sicher sein: alle Entscheidungen, die ihr trefft, auch wenn sie euch noch so abwegig erscheinen mögen, sind Teil eures Plans.

Ist die Seele nun diese Treppe hinaufgestiegen und hat sich ihren Plan angeschaut, kann sie auf die Ankunft des Schiffes warten. Sie kann entscheiden, hineinzusteigen oder noch zu warten, was von vielen Faktoren abhängt. Zum Bespiel, ob sie mit ihrem Plan einverstanden ist, oder ob ihr eine der Aufgaben für dieses Leben noch zu schwierig erscheint. Das Kollektiv sieht sich die weltlichen Gegebenheiten auf der mittleren Ebene an, und gleichzeitig findet die Abstimmung mit dem Plan der Mutter statt. Diese ist ebenfalls über ihre Treppe gegangen und hat sich ihren Plan angesehen. Wenn alles aufeinander abgestimmt ist und die Voraussetzungen dafür getroffen sind, dass alle beteiligten Seelen ihr höchstes Wachstum erreichen, tritt die Seele in den Schiffsbauch ein und inkarniert sich damit auf die Ebene der Menschenkinder.

Auf der oberen Welt wird die Seele ebenfalls vorbereitet, wobei der Fall der Seele auf die Menschenebene hier sehr tief ist. Dieser Engel verliert wahrlich seine Flügel und damit die Anbindung, die Leichtigkeit und die Möglichkeit, sich völlig im Strom der Liebe treiben zu lassen. Die Seele wird behutsam auf den Fall vorbereitet. In vielen Gesprächen mit ihren Helfern werden ihr die Möglichkeiten und die damit verbundenen Erfahrungen erklärt und bildlich gezeigt.

Anders als in der unteren Welt, befindet sich die Seele hier in einem Raum, der sie auf die Inkarnation vorbereitet. Ihr könnt ihn gerne den Geburtsraum nennen, so, wie ihr ihn auch für eure weltliche Geburt habt. In diesem Raum kann die Seele den Fall und das gefühlte Abgetrenntsein von der göttlichen Quelle üben.

Das ist ein sehr intensiver Prozess, der einige Zeit in Anspruch nimmt, da die Seele sich in der Getrenntheit nicht selbst erfahren kann. In diesem Moment verliert sie die Erinnerung an sich. Ihr könnt es mit der euch bekannten Ohnmacht beschreiben. Das Bewusstsein ist noch vorhanden, aber ihr befindet euch in einem Zustand der Handlungsunfähigkeit, des Ausgeliefertseins und der Orientierungslosigkeit. Ähnlich erfährt es die Seele in diesem Raum der Vorbereitung.

Ist sie bereit für ihren Weg, fällt sie wie in einem Lichtschlauch hinab. Die Seelenmutter ist bereit, ihr Kind zu empfangen, denn der Lichtschlauch zwischen der Geistigen Welt und der Seelenmutter besteht bereits. Die Seele begibt sich nun auf den Weg durch den Kanal und ist dabei manchmal für die Frau schon spürbar. Sie ist im Energiefeld bereits unterwegs, aber erst wenn sie unten angekommen ist, befindet sich die Seele im Körper der Frau.

Auch hier geht der Geburtskanal noch weiter. Die Seele muss sich nun langsam den Gegebenheiten der Dualität anpassen. Sie spürt ihre Helferwesen noch, wobei es hier keine Rolle spielt, aus welcher Ebene der Geistigen Welt sie inkarniert ist. Sie ist noch gehalten und geliebt, und ein Anteil von ihr kann immer noch zurück. Aber nicht mehr vollständig, wenn die Seele den Körper bereits angenommen hat.

Die Rückkehr in die Geistige Welt zum jetzigen Zeitpunkt würde das vollständige Ablösen des physischen Körpers bedeuten. Viele Seelen entscheiden sich trotzdem, den Körper wieder zu verlassen, weil sie entweder mit den Gegebenheiten der Dualität nicht klarkommen, oder es im Lebensplan so vereinbart ist. Darauf werden wir später noch genauer eingehen.

Eins können wir vorab erklären: Alle Seelen, die ihren Körper bereits angenommen und beseelt haben, kommen durch die Schleife des Wechselspiels zwischen oberer und unterer Welt in die der nächsten Inkarnation. Das bedeutet: Ist eine Seele aus der unteren Welt inkarniert, verbringt sie ihre Warte- und Lernzeit dann in der oberen Welt und umgekehrt. Damit ist auch hier der Ausgleich geschaffen, denn jede Seele macht unterschiedliche Erfahrungen mit unterschiedlichen Grundvoraussetzungen.

Die Anpassung der Seele an die Dualität ist ein Prozess, der für sie und die Mutter sehr intensiv ist. Die Seele erfährt und spürt über ihren Emotionalkörper jetzt alle Empfindungen der Mutter und deren Umfeld. Diese Empfindungen sind noch nicht zuzuordnen und für sie die nächste Herausforderung. Je nach Empfindung und Erfahrungen der Mutter in dieser Zeit ist das Ankommen der Seele in der Dualität bereits mit ihren nachstehenden Lebensaufgaben gekoppelt. Nicht jede Seele stellt sich schon zu Beginn der Inkarnation eine Aufgabe, aber doch die meisten.

Da die Ankunft auf der Menschenebene eine wirkliche Herausforderung für die Seelen ist, ist es sehr wichtig, dass ihr für die ankommende Seele da seid, sie in euren Armen haltet und erkennt, aus welcher geistigen Ebene sie gekommen ist.

Eine Seele aus der unteren Welt ist gut geerdet, ihr könnt also mit ihr einen anderen Umgang pflegen als mit einer Seele aus der oberen Welt. Ihr könnt sie beide halten, aber eine Seele aus der oberen Welt wird sich nicht so festhalten lassen, was sie euch auch deutlich zeigen wird.

Ein Kind aus der unteren Welt hingegen mag es gerne, gehalten zu werden, und ist lange nicht so freiheitsliebend wie eine Seele aus der oberen Welt. Aber das werdet ihr merken. Jedes Kind ist anders, eine individuelle Persönlichkeit, eine einzelne Seele. Zwar der göttlichen Einheit entsprungen, aber in ihrem eigenen Lernprozess.

Folgt eurem Herzen, fühlt in euch hinein und sprecht mit der Seele in euch, auch schon in der Schwangerschaft. Sprecht die Worte ruhig laut aus, streichelt euren Bauch und erzählt der Seele, was ihr fühlt und warum. Setzt euch mit allen Gefühlen während eurer Schwangerschaft ehrlich auseinander. Schaut sie an, erkennt und akzeptiert sie. Das ist die Grundlage für die Heilung jeder Seele und damit des Kollektivs.

Bei euch Menschenkindern spielt die Schwangerschaft eine besondere Rolle, es ist ein großes Ereignis. Daher ist es umso wichtiger für euch zu erkennen, dass die einzigen wirklichen Regeln des Lebens das Herz schreibt. Seid euch sicher, dass alles zu eurem besten Wohl geschieht, ob ihr nun ein Kind empfangen könnt oder nicht, und natürlich auch, zu welchem Zeitpunkt das geschieht. Seid gewiss, dass alles einen Sinn hat und versucht, ihn mit eurem Herzen zu erkennen.

Öffnet euch für die Botschaften eurer Seele und eurer Helfer, und ihr könnt im Einklang mit dem Leben sein. Öffnet euch in jedem Augenblick für das Göttliche in jeder Seele. Seid bereit für die Aufgaben, die ihr euch gestellt habt, freut euch darauf, nehmt sie nicht so schwer, ihr habt nun gehört, dass alles veränderlich ist. Entfernt euch von der Vorstellung, auf Menschenebene etwas für andere tun zu müssen. Ihr habt die Pläne nicht vor Augen und wisst daher nicht, was für andere das Beste ist. Das ist auch gut so, denn so könnt ihr eurem Herzen folgen.

Tut nichts, was ihr nicht tun möchtet, und befreit euch von allen Vorstellungen. Ihr seid im Wandel der Zeit und damit in einem Energiewandel, der so manche weltliche Vorstellung eures Daseins verändern wird. Diese Erfahrung habt ihr alle in eurem Beutel, und sie ermöglicht euch absolutes kollektives Wachstum.

Ihr erlebt eine Flut von Seelen aus der Geistigen Welt, die inkarnieren möchten, da die Zeit auf eurer Ebene für die Gesamtheit der göttlichen Erfahrungen sehr wichtig ist.

Wir danken allen Seelen, die sich auf ihrem Weg befinden, die sich noch auf den Weg begeben werden und die in der Geistigen Welt sind, um die inkarnierten Seelen zu unterstützen.

Wir danken dir, liebes Menschenkind, für deine Bereitschaft, deine Vorstellungen zu begutachten und dich aus dem Herzen heraus neu auszurichten.

Wir danken dir für deinen Mut und deine Stärke in der Dualität, in der du nun einer weiteren Seele die Möglichkeit gibst, durch dich zu inkarnieren.

Wir danken dir für deine Offenheit und möchten dir sagen, dass wir dich lieben.

Wir lieben alle Seelen und erkennen in jeder die Göttlichkeit.

Auch in dir.

Liebe Leserin,

ich wünsche mir von ganzem Herzen, dir die Faszination näherbringen zu können. Wenn ich mir durchlese, was ich geschrieben habe, bin ich zutiefst berührt. Die Zusammenhänge zwischen der Geistigen Welt und der irdischen Geistigen Welt erstaunen mich, und es ist wieder einmal sehr deutlich geworden, dass wir niemals wirklich getrennt sind und immer ein Teil von uns zu Hause bleibt.

Trotz der vielen Bücher, die ich gelesen habe, in denen auch der Lebensplan klar formuliert wird, habe ich doch wieder einen großen Teil dazugelernt. Ich glaube, man kann niemals genug über dieses Thema lesen — in jeder neuen Zeile findet man einen Teilaspekt, den man vorher noch nicht in seinem Bewusstsein verankert hatte.

Mir ist klar geworden, dass ich durch die Geistige Welt langsam an und durch meine Schwangerschaften geführt wurde, gerade durch die gelebte, man könnte fast sagen, ungewollte Schwangerschaft. Und genauso werde ich nun langsam an das Thema Geburt geführt.

Die Aussagen des Mediums waren ein Teil des Plans, zu diesem Zeitpunkt schwanger zu werden. Die Seele, mein Kind, kommt auf diese Welt, um das Ungleichgewicht auszugleichen. Damit wir als Familie energetisch vollständig werden. Das hatte ich bereits erkannt, aber nun ist mir bewusst geworden, dass, anders als bei Laura, Max kommt, weil es um die Zeit geht, den richtigen Zeitpunkt.

Ich werde trotzdem gehalten, bin niemals allein und fühle mich unterstützt, vor allem jetzt, nachdem ich bewusst spüren darf, dass es zwar eine neue Herausforderung ist, der sich unsere Familie stellen darf, aber trotzdem ein Geschenk. Ein Geschenk, das wir uns gegenseitig machen. Eine Absprache, die sich nun erfüllen darf, da ich die Zeichen gesehen, die Impulse empfangen und zuerst unbewusst darauf reagiert habe. Nicht mit dem Verstand, aber mit meinem Herzen und meiner Seele.

Die Pille abzusetzen war eine Entscheidung des Herzens, nicht des Verstandes. Damit wurde die Grundlage geschaffen, bereits zu diesem Zeitpunkt schwanger zu werden. Trotz aller verstandesorientierter Dummheit habe ich in tiefem Vertrauen die Pille abgesetzt. Im Vertrauen in die Geistige Welt und dass alles richtig ist — zu jedem Zeitpunkt und in jedem gelebten Moment.

An dieser Stelle danke ich mir selbst dafür, die Impulse wahrgenommen zu haben, ihnen unbewusst gefolgt zu sein und nun die Verabredung mit der Seele, die in mir Einzug gehalten hat, einzuhalten. Ich danke der Seele für ihren Mut und ihr Vertrauen in die Geistige Welt.

Und ich danke meinem Mann und meinem Kind Laura für ihr Vertrauen.

Der Geistigen Welt danke ich für die Impulse und dass sie uns halten, auch in Situationen, in denen wir den Sinn für ein Erlebnis nicht erkennen.

Ich freue mich auf die Zeit mit meinen beiden Kindern, darauf, dass wir mit der Geburt von Max als Familie vollständig sind, und auf die Neue Zeit. Ich freue mich auf die nächsten Durchsagen, vertraue mich der Führung der Geistigen Welt an und lasse mich auf alle weiteren Lernprozesse ein.

Wenn die ankommende Seele wieder nach Hause geht...

Auch diesem Thema möchte ich mich widmen, ihm einen Platz in meinem Buch schenken. Ich rufe dafür Mutter Maria in meinen energetischen Schreibraum und werde auch meinen Mann wieder auf Reisen schicken, denn dieses Thema erfordert besonders viel Achtung und Einfühlungsvermögen, weil es mit so viel Schmerz und Trauer erfüllt ist.

Daher ist es wichtig, es anzuschauen und zu erkennen, welchen Sinn es macht, sein geliebtes Kind wieder zu verlieren. Es loslassen zu müssen, ohne es jemals gehalten zu haben. Ihm einen Namen zu geben, ohne es jemals damit angesprochen, nach ihm gerufen zu haben.

Es erfüllt mich mit Trauer, sobald ich anfange, darüber zu schreiben, obwohl ich in dieser Inkarnation diese Erfahrung nicht machen musste. Wohl aber in einer der letzten Inkarnationen, was bedeutet: Ich trage die Erinnerung und den Schmerz dieser Erfahrung in meinem Erbgut, so, wie alle anderen Frauen auch. Jede Frau ist von diesem Schmerz erfüllt, hat diesen Verlust erlebt, entweder in dieser oder einer vergangenen Inkarnation. Und jeder Mann, der in einer letzten Inkarnation eine Frau war. Dieser Schmerz ist eine kollektive Erfahrung, und es ist wichtig, ihn zu erlösen und gehen zu lassen.

Auch hierüber gibt es ein wunderbares Buch, das ich an dieser Stelle empfehlen möchte. Susanne Hühn schreibt sehr ergreifend und berührend in ihrem Buch: *„Ich* *seh dich dann im Licht"* über ihre eigene, in der jetzigen Inkarnation erlebten Mütterlichkeit mit dem Verlust ihres Kindes. Ich danke ihr von ganzem Herzen für ihren Mut und verneige mich tief vor ihr. Als Frau, als Mensch, als Seele. Es gibt keine tiefere Verletzung als die der nährenden Weiblichkeit durch den Verlust eines Kindes.

Meine Liebe, du darfst dir Hilfe holen, sie annehmen und den Schmerz hinaus in die Welt schreien. Ich durfte mich mit dem Thema intensiv beschäftigen, sehr tief und heilend, ohne diese Erfahrung in dieser Inkarnation persönlich zu sammeln. Die Erinnerung und die mitgebrachte Angst reichten dazu völlig aus.

Als ich in der 7. Woche schwanger war, durfte ich mich zum ersten Mal damit beschäftigen. Meine Oma lag zu diesem Zeitpunkt im Krankenhaus, und ich spürte, dass es etwas Lebensbedrohliches war, auch wenn es bis dahin weder von meiner Oma noch von den Ärzten geäußert worden war.

Das tiefe Bedürfnis, ihr zu sagen, dass ich schwanger war, und zwar vor Ablauf der 12. Woche, stieg in mir hoch. Ich folgte meinem Herzen und dem Gedanken, ihr damit eine Freude zu bereiten. Im nachfolgenden Telefongespräch erzählte ich ihr also, dass sie ein weiteres Mal Ur-Oma würde. Ihre Reaktion darauf war eher ernüchternd und schockierend. Sie fragte nur, ob es denn geplant gewesen sei, der Zeitpunkt wäre ja wohl sehr früh. Nicht der definierte, gesellschaftlich perfekte Zeitpunkt, wenn das erste Kind zwei Jahre alt ist. Richtig, den haben wir um ein halbes

Jahr verfehlt, obwohl ja eigentlich Zeit keine Rolle spielt...
Aber da ich in diesem Moment selbst noch unter Schock
stand, traf mich die Reaktion meiner Oma umso mehr.

Schlimmer wurde es, als sie hörte, dass ich erst in der
7. Woche war. Sie fragte, warum ich ihr es jetzt schon erzählen würde, da die Wahrscheinlichkeit einer Fehlgeburt
zu diesem Zeitpunkt noch sehr groß wäre.

Das traf mich so tief, dass ich erst einmal keine Worte
finden konnte. Trotzdem versuchte ich sofort, die Aussage meiner Oma zu rechtfertigen — wie alle Frauen es tun,
besonders diejenigen, die es bereits erlebt haben. Liebe
Frauen, hört bitte auf damit. Wer erzählt uns solch einen
Unsinn? Warum lassen wir zu, dass wir den Schmerz alleine tragen sollen? Wer erfindet diese Regeln, und warum
lassen wir sie zu?

Alle diese Fragen stellte ich der Geistigen Welt, damit wir Frauen Hilfe bekommen, mit dem Schmerz umzu-
gehen, die Hintergründe sehen, warum es überhaupt zu
einer Fehlgeburt kommt, und den Mut bekommen, uns
aus den gesellschaftlichen Verstrickungen zu lösen und
sowohl die Freude über eine Schwangerschaft als auch
den Verlust eines Kindes zu teilen.

Ich kann dir, liebe Leserin, vorab meine Hochachtung für deine Erfahrung mitteilen. Auch du bist eine der
Frauen, die zumindest die Erinnerung in sich trägt. Die
den Schmerz mitempfinden, mitfühlen und daher helfen
kann, ihn zu verkraften. Ich empfand diesen Schmerz, diese Trauer und Angst nach einer Reise, die mein Mann für
meine Tochter gemacht hatte.

Sie hatte massive Ein- und Durchschlafstörungen. Ich bat meinen Mann, eine Reise zu machen und herauszufinden, was wir für sie tun könnten, immer mit dem Gefühl, dass es etwas gab, das sie störte. Er ging auf die Reise und bekam Zeichen, die er auf ihren Körper malen sollte.

Als ich sie an diesem Abend ins Bett brachte, spürte ich bereits eine Traurigkeit, ohne zu wissen, woher diese kam. Ebenso nahm ich aber Energien im Raum wahr, die uns helfen wollten. Nach bereits kurzer Zeit stieg die Angst in mir hoch, Laura würde genau in dieser Nacht sterben. Ich wusste es einfach. Völlig panisch rief ich, sie dürfe mir nicht weggenommen werden, ich bräuchte sie — wollte sie halten, anschauen, lachen sehen.

Laura schlief bereits nach zwei Minuten auf meinem Arm ein und wurde nicht mehr wach, selbst nicht in dem Moment, in dem es mich vor Weinen schüttelte.

Nach einer Weile spürte ich den Impuls, sie ins Bett zu legen. Ich sah das Bett als eine Kiste und hatte noch mehr Angst. Ich spürte aber auch, dass es so sein musste, es war ein Heilungsprozess und in Ordnung. Dennoch konnte ich es nicht. Ich wollte sie nicht loslassen, sondern sie halten und nie mehr hergeben.

Irgendwann war ich bereit. Ich konnte sie ablegen und hatte den Impuls, das Zimmer sofort zu verlassen. Tränenüberströmt und völlig aufgelöst lief ich zu meinem Mann und erzählte ihm alles. Für ihn stand fest, dass es eine Erinnerung an den Tod meines Kindes aus einer alten Inkarnation war. Auch damals war Laura mein Kind gewesen, und ich hatte den Verlust niemals verarbeitet. Den Schmerz brachte ich mit in dieses Leben, doch an diesem Abend konnte er erlöst werden. Ich durfte in die Heilung gehen und damit den Schmerz loslassen. Es gab noch zwei Rückfälle bei Laura, danach schlief sie jede Nacht durch.

Es ist immer wieder erstaunlich, wie unsere Seele und unser Körper reagieren. Wie Erinnerungen wach werden, weil etwas in die Heilung gehen will. Ich bin sehr dankbar für diese Erfahrung, auch wenn sie sehr intensiv und tief berührend war. Doch nur so kann ich in Achtung über das Thema schreiben und mich voller Demut vor allen Frauen verneigen, die den Verlust eines Kindes erlebt haben.

Ich möchte dir, liebe Leserin, diese Informationen weitergeben, damit du in dir den Raum schaffen kannst, dein Herz in allen Facetten der Schwangerschaft zu hören, sowohl die der Freude und des Glücks als auch die der Verzweiflung und der Trauer.

Schon die Empfängnis deines Kindes erinnert dich an alle erlebten Dinge. Wenn du in deiner Schwangerschaft Zweifel hast, dich nicht gut genug fühlst, dich fragst, wie du das alles schaffen sollst, oder auch traurig bist, ohne zu wissen, woher diese Traurigkeit kommt, dann reduziere dich nicht auf eine Schwangerschaftsdepression. Es ist viel mehr als ein Zustand der Traurigkeit und der Ängste. Der Grund liegt vielleicht tiefer, als du es im Moment sehen kannst.

Spüre in dein Herz, fühle, was es dir sagen möchte, und hole dir Hilfe, wenn du alleine nicht weiterweißt. Befreie dich von den Regeln der Gesellschaft. Es ist die Zeit der Heilung, nicht die der unterdrückten Emotionen. Befreie dich von den Begrenzungen, die dir damit auferlegt werden und dich zwingen, mit all deinen Bedürfnissen und Wünschen allein zu sein.

Du bist nicht allein, wir sind alle eins.

Mutter Maria spricht

Seid gegrüßt, meine lieben Erdenkinder.

Ihr seid in einer Zeit des Wandels. Das bedeutet, ihr erlebt eine völlige Neuausrichtung eures sogenannten Gedankenguts.

Ihr seid mit euren Gedanken sehr verwirrt, das ist auch verständlich bei den vielen Dingen, die ihr seht und durch die ihr beeinflusst werdet.

Wir möchten nun ein sehr heikles Thema ansprechen, und ich benutze dieses Wort nicht ohne Grund. Wir können euch keine Heilung bringen, wenn ihr eure Themen nicht anschaut. Und so gehört auch das Thema, ich nenne es einmal Schwangerschaftsverlust, dazu.

Mein liebes Kind, wir lieben dich sehr und achten deinen Schmerz, deine Erfahrung und deinen Mut, die Konsequenzen einer jeden Erfahrung zu tragen. Und genau darum geht es nun.

Ihr lebt in einer Zeit, in der gerade das Thema der Schwangerschaft sehr positiv gestaltet wird. Es wird euch dargestellt als eine wunderbare Zeit, die mit der Geburt eines Kindes endet und ihren Höhepunkt erreicht.

Ihr werdet darauf vorbereitet, alles erdenklich Richtige zu tun, sei es gesund zu essen, oder was auch immer an gesellschaftlichen Regeln auf euch einprasselt. Ihr vergesst darüber aber das wahre Glück dieser Zeit.

Durch die Regeln, die ihr euch selbst macht, vergesst ihr eure Ängste. Ihr schiebt sie beiseite und hofft, sie nicht mehr sehen zu müssen. Das ist nicht gut für euch, denn Ängste sind Zeichen für Themen, die in euch wirken – die nach außen dringen und angeschaut werden möchten.

Wenn wir sagen, ihr sollt euch nicht mit den Ängsten befassen, dann meinen wir damit, ihr sollt nicht in einem Angstzustand verharren. Ihr seid nicht handlungsunfähig, in keinem Moment eures Daseins. Ihr habt die Zügel in der Hand, könnt euch aus dieser Starrheit befreien und die Angst als Möglichkeit der Heilung nutzen.

Wir haben euch bereits erzählt, dass euer Körper auf Erinnerungen im Seelenplan mit gewissen Resonanzen reagiert. Das bedeutet, ihr habt eine Ahnung, ein Gefühl oder einen körperlichen Zustand der Veränderung, beispielsweise eine Erkrankung. Auch eure Ängste sind eine Erinnerung an den Seelenplan.

Mein liebes Kind, wenn du Angst verspürst, dein Kind zu verlieren, dann ist es einmal vielleicht eine Vorahnung, das bedeutet, du erinnerst dich an diese Verabredung, oder die Erinnerung an eine andere Inkarnation. Schau, wenn du in einer alten Inkarnation ein Kind verloren hast, kannst du diese Angst erst bei der nächsten gelebten Schwangerschaft spüren, weil erst dann dein Körper in Resonanz mit der Erinnerung gehen kann.

Es ist für dich wichtig zu prüfen, woher diese Angst kommt und was sie dir sagen möchte. Und, mein liebes Kind, vergiss nicht die Angst, die von außen produziert wird. Ihr lebt in einem Zeitalter der Abhängigkeit und Angst-schürerei. Ihr sollt euch in der Schwangerschaft gemäß den Wünschen der Gesellschaft verhalten – alles ist schön und gut —, trotzdem sollt ihr gemäß eurer Regeln in Angst verharren, damit ihr leichter zu führen seid. Das, mein liebes Kind, sind keine Ängste, die dich an erlebte Dinge erinnern möchten oder dir helfen können, in die Heilung zu gehen.

Ihr wünscht nun Heilung von uns, eine Erklärung, warum ihr den Verlust eures Kindes erleiden musstet. Ihr möchtet gerne den Sinn dahinter erfahren. Das gestaltet sich nun als sehr schwierig, und ich möchte noch einmal betonen, dass wir euch lieben und achten. Ihr seid mutige Wesen, die sich der Schwingung der Dualität aussetzen. Den Heilungsweg aber könnt ihr nur alleine gehen.

Ich möchte euch gerne aus unserer Sicht erzählen, welche Auswirkungen ein Verlust (in euren Augen), ein Nach-Hause-kommen der Seele (in unseren Augen), für uns haben. Es ist aber noch viel wichtiger, mein liebes Kind, dass du trotz des Schmerzes, den du auf der Ebene des Seins erlebst, hinschaust und selbst entscheidest, in die Heilung zu gehen.

Grundlegend ist der Sinn oder vielmehr der Grund für einen Schwangerschaftsverlust erst einmal sehr individuell. Ihr erinnert euch an euren Inkarnationsbeutel? Mein liebes Kind, der Verlust eines Menschen ist immer darin verankert. In euren gesellschaftlichen Vorstellungen ist es immer das Kind, das den Verlust der Eltern erleben muss. Dabei vergesst ihr jedoch, dass alles ein Kreislauf des Lebens ist. Warum also sollte es nicht möglich sein, dass ihr euch ausgesucht habt, den Verlust eures Kindes zu erleben? Vielleicht könnt ihr es so sehen, dass ihr damit eurem Kind den gelebten Verlust erspart habt.

*Versteht mich bitte richtig, es geht darum, euch wach-
zurütteln, euch zu zeigen, dass ihr verharrt. Es ist wichtig, hinzuschauen, auch den Schmerz zu sehen, um das
Göttliche auch in diesen für euch negativ erscheinenden
Themen zu erkennen. Ich möchte euch nun erklären, was
euch am meisten Schmerz zufügt.*

*Es ist nicht ausschließlich der Verlust des Kindes, den
ihr erlebt, des Kindes, das ihr bereits in den Armen haltet.
Ihr gebt der Seele die Möglichkeit, sich einen Körper in
euch zu erschaffen. Das bedeutet, dass die Seele in euch
verweilt. Sobald der Körper beseelt ist, habt ihr sozusagen
zwei Seelen in euch. Ihr spürt, dass ihr eins seid mit eurem
heranwachsenden Kind und erinnert euch wieder an die
Einheit, die ihr zuletzt innerhalb des geistigen Gefüges gespürt habt. Dass ihr alle eins seid. Ihr erlebt über die Seele
in euch die Anbindung an die göttliche Quelle. Eure Seele
erinnert sich an ihren Ursprung, ihr wirkliches Wesen.*

*Eine Schwangerschaft ist die Erinnerung an Gott, da-
ran, dass die Seele selbst göttlich ist. Ein Kind zu gebären
ist der göttlichste Schöpferakt des Menschen. Durch die
Geburt selbst zum Schöpfer zu werden, die direkt gelebte
Materialisierung.*

*Das ist der Schmerz, den ihr bei einem Schwanger-
schaftsverlust fühlt — nicht nur der Verlust des Kindes an
sich, sondern der des Lichts in euch. Des Lichts der Seele,
die in euch zu Hause war. Der Verlust der Erinnerung, wie
es sein kann, in absoluter Liebe an die göttliche Quelle
angebunden, eins mit ihr zu sein.*

Wenn die Seele sich entschieden hat, deinen und ihren Körper wieder zu verlassen, steht das Tor zur Geistigen Welt weit offen und ist bereit, die Seele zu empfangen. Durch einen Lichtkanal wird die Seele zurückgeholt, was einige Zeit dauert. Ihr spürt den körperlichen Schwangerschaftsverlust, aber auch noch die maximale Verbindung zur göttlichen Quelle. Eure Seele hat in diesem Moment Heimweh nach ihrem göttlichen Vater. Sie möchte selbst nach Hause, zurück in die Einheit, ins All-Eine, zu allen anderen Seelen, in die direkte Verbindung mit Gott. Auf der Menschenebene bleiben zu müssen, birgt den wahren Schmerz in sich. Die Handlungsunfähigkeit, im eigenen Schmerz gefangen zu sein, in diesem weltlichen Körper, scheinbar getrennt von der göttlichen Quelle, auf sich alleine gestellt — das ist der Schmerz, den ihr spürt. Und ihr spürt ihn in allen euren Zellen.

Es ist die Ur-Erinnerung an euer wahres Selbst. Die Erinnerung daran, was ihr wahrhaftig seid, was ihr leben wolltet. Ihr wolltet euch erinnern und das Licht auf die Erde bringen — jeder von euch.

Mein liebes Kind, verstehst du, was ich dir sagen möchte? Ein Schwangerschaftsverlust ist die Möglichkeit, sich an das wahre Selbst zu erinnern. Natürlich auch eine Schwangerschaft, die mit der Geburt endet, aber darauf gehen wir später noch genauer ein. Bei einem Verlust ist der weltliche Schmerz am größten. Dieser kann auch mit einem Geburtsschmerz nicht gleichgesetzt werden, da er auf einer anderen Ebene ist. Selbst bei einem unbeseelten Verlust hast du die Seele bereits in deinem Ener-

giefeld gespürt, sie in deinem Aurafeld mit dir getragen. So, wie im Moment der Vereinigung der männlichen und weiblichen Energie. Bei einem beseelten Verlust war die Seele bereits in dir. Der Schmerz über den Verlust der Anbindung ist viel größer.

Mein liebes Kind, sieh bitte die Heilung, die darin steckt. Du kannst den Verlust über die Anbindung spüren, aber du erlebst ihn nicht wirklich. Du warst niemals getrennt von der göttlichen Quelle. Das ist es, was es hier zu leben gilt.

Du hast dich durch dein Leben, deine Glaubenssätze und deine Sichtweise in eine Situation der Trauer und der Ohnmacht gebracht. Du erkennst das Wahre dahinter nicht mehr, fühlst dich handlungsunfähig und von der Gesellschaft alleine gelassen, weil diese sich mit Schmerz und Tod nicht gerne beschäftigt.

Es ist ein Geschenk der Trauer, sich an die Einheit zu erinnern. Zu erinnern, dass ihr nicht alleine seid, es niemals wart. Ihr seid Gott, ein Teil von ihm, und zwar jeder von euch. Erinnert euch daran.

Es ist an der Zeit aufzuwachen, hinzuschauen, zu verstehen, dass nichts, was euch widerfährt, eine Strafe ist und niemand die Schuld trägt.

Das ist das Nächste, was euch quält: die immerwährende Schuldfrage für Situationen in eurem Leben. Wir sagen euch nochmals, liebe Menschenkinder: Wenn eine Seele nach Hause geht, ist es das geistige Kollektiv, das darüber entscheidet. Also die obere, die untere und die Mittelwelt. Alle zusammen entscheiden darüber, inwieweit Seelenpläne gemacht werden, was darin verankert und wann der richtige Zeitpunkt ist. Ihr könnt niemals auf den Verlust eures Kindes einwirken, wenn es nicht so beabsichtigt ist.

Doch die Schuldfrage steckt in euch allen, und es ist an der Zeit, diese Glaubenssätze zu wandeln. Seht, euer Verstand ist zum Analysieren da. Er ist sehr wichtig für euch, das wiederholen wir noch einmal. Aber er ist nicht dazu da, euch die Wahrheit vorzuenthalten, euch auszutricksen und die Dinge anders darzustellen, als sie eigentlich sind.

Dass ihr mit euren Gedanken ein Kind in euch dazu bringt, nach Hause zu gehen, funktioniert genauso wenig, wie ihr mit euren Gedanken eine Seele dazu bringt, zu euch zu kommen. Versteht, der Verstand ist sehr machtvoll, alle Gedanken werden auf der geistigen Ebene gehört, aber wir werden nicht allen Wünschen und Gedanken folgen, ohne darauf zu schauen, welche Konsequenzen sich daraus ergeben, schon gar nicht, weil es immer viele Seelen betrifft, die von einzelnen Entscheidungen betroffen sind. Alle, um genau zu sein. Das gesamte geistige Kollektiv lernt von euch und wird die Erfahrungen mit euch teilen. Wie könnten wir da zulassen, dass ihr mit euren Gedanken ein Kind in euch dazu bringt, nach Hause zu gehen, wenn es nicht der Plan ist?

Bitte, mein liebes Menschenkind, befreie dich von der Schuld, die nicht existiert. Es ist ein Glaubenssatz, dass du die Schuld daran trägst, wenn die Seele nach Hause geht. Für uns ist der Verlust, den ihr auf Menschenebene spürt, eine wunderbare Möglichkeit. Seht, die Seele spürte die Dualität, kann aber nun wieder im Bad der Liebe sein.

Sie kommt nach Hause. Das ist wunderbar. Sie kommt in die nächste Ebene, das bedeutet, sie wechselt von der unteren Welt in die obere oder umgekehrt. Ein neuer Prozess beginnt, spirituelles Wachstum kann folgen.

Für dich, mein liebes Kind, ist es auch eine Möglichkeit, die schöpferische Kraft ohne die sichtbare Materialisierung in dir zu entdecken. Zu vertrauen, dass du ein göttliches Wesen bist, angebunden an den Vater. Dass du selbst Gott bist.

Deine Seele erinnert dich daran, was du bist: ein göttliches Wesen mit der Liebe der göttlichen Quelle im Herzen, das Liebe zu sich selbst empfinden kann.

Liebe dich selbst, achte dich für das, was du erlebst, und sieh die Möglichkeit in allen Situationen, die dir widerfahren. Befreie dich von Schuld, von allen Glaubenssätzen, die ihr Menschen euch auferlegt habt. Befreie dich von den Gedanken, andere könnten die Schuld tragen. Es wird dir nichts weggenommen, sondern etwas gegeben: die Erinnerung an dein wahres Selbst. Du hast der Seele in dir ein Zuhause und damit die Möglichkeit gegeben, sich in der Dualität zu erfahren, sich in die nächste Ebene zu begeben.

Du hast ihr die Möglichkeit gegeben, dich zu spüren, mit dir eins zu sein auf der Ebene der Menschenkinder.

Du hast ihr die Möglichkeit gegeben, nach Hause zu gehen, ohne den weltlichen Schmerz erfahren zu haben.

Du hast ihr die Möglichkeit gegeben, sich von ihrem Körper zu lösen, ohne jemals die vollständige, scheinbare Trennung von der göttlichen Quelle erfahren zu haben.

Du hast ihr die Möglichkeit gegeben, zu wachsen. Liebe und achte dich dafür.

Du hast dir selbst die Möglichkeit gegeben, aufzuwachen und dich durch den weltlichen Schmerz des scheinbaren Verlustes an die wahre Göttlichkeit in dir zu erinnern.

Verstehst du das, liebe Seele? In dem Verlust eines Menschen liegt die Heilung. Ihr seht sie nicht, weil ihr nicht hinschaut. Ihr möchtet euch nicht mit dem Thema befassen, habt euch selbst in eine Starre gebracht. Spürt in euch, wie es wirklich ist.

Der Schmerz über den scheinbaren Verlust ist notwendig, damit ihr hinschaut. Er ist einer der deutlichsten Hinweise für die Themen in euch, die angesehen werden wollen.

Alle Menschenkinder auf eurer Ebene möchten sich gerne erinnern, doch ihr habt vergessen, wie es geht. Über einen solchen gelebten Schmerz findet ihr zurück zur göttlichen Quelle. Ihr könnt die Liebe leben, das Licht auf die Erde bringen und die Erinnerung an Gott mit dem Leben in der Dualität vereinen.

Mein liebes Kind, du hast dir den Verlust der Seele in einer Ebene ausgesucht, in der es den weltlichen Schmerz nicht gibt, in der die Sicht auf das Große Ganze liegt und in der du die Einheit gespürt und gelebt hast, in der es nichts anderes gibt als das All-Eine. Dafür danken wir dir. Wir danken dir für deinen Mut, dich über diese Erfahrung selbst zu erkennen und zu erinnern.

Du erinnerst dich in jedem Moment, auch wenn es dir nicht bewusst ist. Erinnere dich daran, dass du niemals al-

leine bist, niemals abgeschnitten von der göttlichen Quelle. Niemals, in keinem Augenblick deines Seins. Wir lieben und wir achten dich. Vergiss das bitte niemals.

Ich, als Mutter der göttlichen Energie, bin an deiner Seite und helfe dir, das Licht in dir zu erkennen. Dein eigenes Licht zu sehen und zu leben. Ich achte und liebe dich und werde dich auf dem Weg in die Heilung deiner Weiblichkeit unterstützen. Du bist nicht allein, warst es niemals und wirst es niemals sein. Wir alle sind immer bei dir.

Öffne dein Herz und erinnere dich an dein wahres Selbst, besonders in Zeiten des weltlichen Schmerzes. Als Seele des Großen Ganzen, in voller Liebe und Hingabe an die göttliche Quelle.

Du bist Gott.
Du und ein jeder von euch.
Erinnere dich daran, liebste Seele, erinnere dich.

☆☆☆

Liebe Leserin,
ich bin zutiefst berührt von diesen Worten. Anfangs war ich sehr verwundert, ich hatte anderes erwartet. Mehr die tröstenden Worte, das liebevolle Umarmen der Geistigen Welt. Aber ich war genauso geschockt wie du vielleicht.

Ich danke Mutter Maria dafür, denn trotz der Klarheit in ihren Worten, die Erinnerung an den Schmerz, ist mir doch bewusst geworden, worin genau der Heilungsprozess liegt. Ihre heilenden Worte sind sehr berührend und lösen in mir ein Gefühl der Trauer aus. Trauer darüber, nicht hingesehen zu haben. Trauer darüber, wie stark unser Wunsch ist, nach Hause zu gehen. Und Trauer darüber, wie wir uns in unserer Gesellschaft mit den Regeln, die wir uns selbst erschaffen und, vor allem, zulassen, in einer Art und Weise einengen, dass uns fast die Luft zum Atmen fehlt.

Ich wünsche mir von ganzem Herzen, dass du, besonders dann, wenn du in dieser Inkarnation die Erfahrung eines Schwangerschaftsverlustes erlebt hast, dich an die heilenden Worte erinnern, sie spüren und ihnen folgen kannst.

Du bist ein wunderbares Wesen, und die Geistige Welt dankt dir in jedem Augenblick für dein Sein. Es ist ein wunderbares Gefühl, gehalten zu werden, und ich wünsche mir, dass du das Gleiche fühlen kannst.

Ich achte alle Frauen für ihre Aufgaben, schätze ihren Mut und ihre Ausdauer. Viele Frauen versuchen nach mehreren Verlusten, weiterhin schwanger zu werden. Sie geben nicht auf und glauben, dass es so sein soll.

Ich möchte alle Frauen einladen, mit mir an einem Augenblick des Tages an alle anderen Frauen zu denken. Ihnen mental die Achtung zu schicken, die wir uns selbst wünschen. Die Achtung, die verlorengegangen ist durch die Regeln, die uns verbieten, unseren Schmerz laut herauszuschreien und damit die Heilung auf allen Ebenen zu erfahren.

Liebe Leserin, du bist nicht allein, wir alle sind bei dir. Ich danke dir.

Die Schwangerschaft

Die körperliche Schwangerschaft der Frau beginnt mit der körperlichen Bereitschaft. Um bei unserem Bild zu bleiben: das Schiff in der unteren Welt. Der Körper beginnt sofort, sich auf den kleinen Körper ihn ihm einzustellen. Die Hormone werden umgestellt, und die Systeme stellen sich auf die Hauptversorgung des Kindes ein. Dies geschieht sofort. Der Körper stellt sich darauf ein, dass er nun einen weiteren Körper nähren darf, in jeder Hinsicht.

Der kleine Körper fängt an, heranzuwachsen. Die Organe werden ausgebildet, die bereits mit Abschluss der 12. Woche angelegt und fertig sind. Die Lungenreife benötigt etwas länger, aber der Grundkörper ist bereits fertig. Ab der 12. Woche wächst der Körper nach und nach in der ihm gemäßen Geschwindigkeit.

Die Beseelung des Körpers dauert unterschiedlich lang, je nach Bereitschaft der Mutter und der Seele, in Gemeinschaft mit dem geistigen Kollektiv. Du beschäftigst dich mehr und mehr mit dem Baby in deinem Bauch, bekommst einen Bezug zu diesem Kind. Am Anfang ist das alles noch ein wenig fremd, du spürst noch keinerlei Bewegung, und erst einmal ist die Seele nur in deinem Energiefeld.

Sobald die Seele in deinem Körper wohnt, fühlst du dich vollständig, eins mit dem Kind in dir. Du bist eins und warst es immer, aber jetzt fühlst du es auf bewusster Ebene. Dein Körper, dein Bewusstsein und die Seele in dir werden auf die Geburt vorbereitet. Es ist der Weg zur

Inkarnation, die körperliche und emotionale Vorbereitung auf das vollständige Eintauchen in die Dualität.

Du beginnst dich mit deinen Ängsten zu beschäftigen, setzt dich mit Fragen und Wünschen der Außenwelt auseinander. Die Freude über die Ankunft einer Seele ist überwiegend groß, dennoch wirst du konfrontiert mit Geschichten aus gelebten Schwangerschaften, anderen Geburten und Ratschlägen anderer Mütter und Nicht-Mütter.

Du selbst möchtest dich am liebsten mit dem Nestbau beschäftigen. Fragen, wie das Kinderzimmer aussehen soll oder welche Kleidung dein Baby braucht, stehen für dich an erster Stelle. Aber der Einfluss von außen ist sehr groß.

Bei jedem Termin beim Gynäkologen kommt die Frage auf, welche Untersuchungen du dir und deinem Baby zumuten möchtest. Vom Zuckertest über die Nackenfaltenmessung bis hin zur Fruchtwasseruntersuchung. Alles, um festzustellen, dass du und dein Baby keine Störungen habt und das Baby wunschgemäß, ohne Einschränkungen und Fehler, auf die Welt kommt.

Du beschäftigst dich bereits jetzt mit Fragen, wie du beispielsweise dein Kind gebären möchtest, ob du stillen wirst, und überhaupt solltest du am besten jetzt schon wissen, wie dein Kind ist und was du alles mit ihm machen wirst.

Meine liebe Leserin, wenn du dein erstes Kind erwartest, wirst du feststellen, wenn du bereits ein Kind geboren hast, weißt du bereits: Ein Kind und eine Geburt sind nicht planbar. Ich durfte es bei der ersten Geburt lernen. Auch ich war geprägt von den Vorstellungen, was eine gute Mutter ausmacht. Selbstverständlich kam nur eine natürliche Geburt infrage, Stillen war Voraussetzung, und ob ich mein Kind viel tragen würde oder nicht, stand für mich ebenfalls fest.

Laura wurde per Kaiserschnitt geboren, stillen konnte ich unter Stress nur wenige Wochen, und ich trug mein Kind sehr viel herum, entgegengesetzt aller guten Ratschläge, ich würde sie verwöhnen. Ich durfte einige Dinge lernen, die mich anfangs blockierten, weil ich in meiner Vorstellung einer guten Mutter festhing, immer mit Selbstvorwürfen und Schuldzuweisungen, wenn es nicht so lief, wie ich es mir vorher vorgestellt hatte.

Ich möchte dir vermitteln, dass du dich frei machen kannst von solchen Vorstellungen, denn eine gute Mutter bist du, wenn du dein Kind liebst, und glaube mir, das wirst du. Du tust es bereits, wenn das Baby in deinem Bauch ist.

Auch hier gibt es keine Vorschriften, wie du die Herzensverbindung zu deinem Kind aufbauen kannst und was du dafür tun musst. Du beschäftigst dich mit deinem Baby, streichelst deinen Bauch und redest mit der Seele in dir. Das ist alles, was es braucht. Wichtiger als alle Anstrengung ist die Befreiung von auferlegten Zwängen.

Das ist nicht einfach, ich weiß, denn die Konfrontationen mit den Menschen in deinem Umfeld nehmen jeden Tag zu, je mehr man äußerlich sieht, dass du ein Baby erwartest. Es wird verglichen, beraten und darüber geurteilt, wie du als Mutter bist und, vor allem, wie du als Schwangere bist.

Du solltest doch bitte überschwänglich glücklich sein, nach außen hin strahlen, immer für ein Gespräch bereit sein und bereits alle Entscheidungen für dich getroffen haben. Es engt dich sehr ein, wenn du dich den Gegebenheiten deiner Umwelt so anpassen möchtest. Natürlich ist eine Schwangerschaft etwas Schönes, sie kann sogar schön werden, wenn sie nicht gewünscht war. Aber sie ist nicht ausschließlich schön. Ich lehne mich nicht weit aus dem Fenster, wenn ich behaupte, dass Frauen, die nur Positives erzählen und frei von Ängsten sind, nicht wahrheitsgemäß antworten. Jede Frau hat Ängste, nur sprechen die wenigsten darüber.

In Büchern fand ich keinerlei Hinweise dazu. Der einzige Rat, den ich fand, war, dass, wenn man traurig ist und sich bereits jetzt mit der Situation überfordert fühlt, man den Arzt aufsuchen soll, weil man an einer Schwangerschaftsdepression erkrankt sei. Die gibt es übrigens auch für die Zeit nach der Geburt. Eine Depression sagt nichts weiter aus, als dass der Mensch nicht mehr ganz in seiner Mitte ist, sich nicht wohl fühlt. Aber es geht doch viel mehr um die Frage, warum das so ist. Nur kann man das häufig nicht beschreiben, was nicht bedeutet, dass es nicht so ist. Eine Schwangerschaft ist eine sehr intensive Zeit, in der du mit körperlichen und emotionalen Gegebenheiten konfrontiert wirst.

Nur aus reinem Interesse fragte ich eine Rettungsassistentin, die mittlerweile in einer Arztpraxis arbeitet, mit einem Zettel, auf dem meine Symptome aufgeführt waren, nach einer Diagnose. Auf dem Zettel standen Dinge wie Übelkeit, teilweise mit Erbrechen, Müdigkeit, Rückenschmerzen und sonstige körperlichen Zustände, die man hauptsächlich in der Schwangerschaft erlebt. Die Müdigkeit, die so einschränkend ist, dass man das Gefühl hat, nicht mehr arbeiten gehen zu können und am liebsten den ganzen Tag nur schlafen möchte, geben 98 Prozent aller Frauen an. Nach Durchlesen meines Zettels kam sie zur Diagnose: Exsikkose. Das, meine lieben Frauen, ist eine Erkrankung aufgrund mangelnder Flüssigkeitsaufnahme, die mit sofortiger Einweisung in die Klinik therapiert wird und nicht selten bei älteren Menschen mit dem Tod endet.

Ich war begeistert, prägende Sätze waren in meiner Schwangerschaft doch eher: „Eine Schwangerschaft ist ein Zustand und keine Krankheit." Das, liebe Frauen, ist zwar richtig, eine Schwangerschaft ist laut Schulmedizin nicht als Krankheit definiert, aber mal ehrlich: Manchmal fühlt man sich als Schwangere auch krank, und trotzdem stellt man sich hin, lacht und behauptet, dass alles in bester Ordnung sei, schließlich ist ein Kind das Schönste auf der Welt.

Ich bin erstaunt über die Einstellung der Gesellschaft, gerade innerhalb der Schwangerschaft, und es gibt kein Thema, das so gegensätzlich behandelt wird. Die Untersuchungen machen zwar Angst, klar, aber sie müssen ja sein, und trotzdem sollst du als Schwangere bitte deine Umwelt mit deinen Sorgen, Nöten oder Ängsten verschonen. Wenn du dich aus ganzem Herzen freust, keinerlei Symptome hast und eins bist mit deinem Kind, ohne Vorstellungen und Ängste, freue ich mich sehr für dich. Dann genieße deine Schwangerschaft und überblättere die nächsten Seiten. Im anderen Fall, liebe Leserin, hoffe ich, dass dir die Erklärungen der Geistigen Welt helfen, deine Ängste anzusehen und aufzulösen, denn du kannst Ängste nur auflösen, wenn du sie angesehen hast.

Es gibt natürlich auch viele individuelle Themen, die dich in der Schwangerschaft beschäftigen, auf die wir nicht alle eingehen können, aber die kollektiven Ängste werden wir besprechen. Ich freue mich sehr darauf, denn auch ich bin in der jetzigen Zeit wieder mit meinen Ängsten konfrontiert.

Ich bin gespannt, welche Informationen uns die Geistige Welt übermitteln wird.

Leben entsteht

Du befindest dich in einem Zustand größter körperlicher und emotionaler Anstrengung. Dein Körper ist darauf eingestellt, der Seele, die nun in dir wohnt, ein Zuhause zu bieten. Du bist angebunden an die göttliche Quelle,
das spürst du sehr deutlich, und doch bist du im Konflikt
mit Ängsten und Auseinandersetzungen deiner Umwelt.

Wir möchten dir erst einen Überblick über die Gegebenheiten innerhalb der Schwangerschaft verschaffen, um
dann noch einmal genauer auf deine Ängste einzugehen.
Der Zustand, in dem du dich befindest, ist einer der größten Heilungsprozesse der Menschheit. Er ist eine Prüfung,
die die Transformation auf allen Ebenen nach sich zieht.

Im Moment der Beseelung des Körpers, der nun in
dir heranwachsen darf, findet der erste intensive Kontakt
mit der Mutterseele statt. Natürlich konntest du vorher die
Seele schon in deinem Energiefeld spüren, aber es geht
hier um einen Kontakt, der dich wahrlich an das erinnert,
was du bist: ein Wesen des Großen Ganzen, angebunden
an die göttliche Quelle, niemals von ihr getrennt und wahrhaftig grenzenlos. Ein Wesen der Liebe und des Lichts,
das die Möglichkeit hat, in seinem vollen Glanz zu erstrah-
len, mit der Erkenntnis, göttlich zu sein. Es geht um die
Erinnerung an Gott.

Du kannst es dir so vorstellen, mein liebes Menschenkind, dass die Seele in dem Moment, in dem sie ihren
Körper annimmt, in dir wohnt. Es findet eine Vereinigung
eurer beiden Seelen statt.

Im Körper der Seele gibt es eine Art Fassung, in die nun die Spindel der Erinnerung gesteckt wird. Du erinnerst dich an deinen Inkarnationsbeutel? Wir haben erklärt, dass die DNA, die Erinnerung an eure Aufgaben und an das, was ihr wirklich seid, sich darin befinden. Euer Körper geht später in Resonanz mit gewissen Umständen in eurem Umfeld, um euch an diese Aufgaben zu erinnern.

Nun werden im Moment der Beseelung die Erinnerungen sozusagen im Körper verankert. Du kannst es dir vorstellen wie eine Vorrichtung, die dafür geschaffen ist, die Spindel der Erinnerungen anzunehmen und aufzubewahren.

Die Seele beseelt ihren Körper, und in diesem Moment, in dem die Spindel in tiefe Verbundenheit mit dem menschlichen Körper und der Seele geht, setzt die Seele eine Initialzündung. Diese ist wie eine Welle aus Licht, die die beiden Körper durchströmt und miteinander verbindet. Die Welle ist einmalig und wird nur ein einziges Mal ausgesendet. Sie dient der Vereinigung der Seelen und der Aktivierung der Erinnerung daran, dass ihr alle eins seid.

Auf körperlicher Ebene haben alle Zellen, die bis dahin bereits gewachsen sind, die Erinnerung, in sich all-eins zu sein. Sie sehen sich nicht als Individuum, sondern erfahren auch im Zustand der Zellteilung die Vereinigung untereinander. Jede noch so kleine Zelle in euch trägt nun die Erinnerung in sich, der göttlichen Quelle entsprungen und in jedem Moment mit ihr verbunden zu sein.

Die Mutter sendet der Welle eine Antwort. Auch in ihr wird nun die Erinnerung an die göttliche Quelle und die energetische Verbindung zu ihrem Kind vollzogen. Diese Antwort der Mutter ist unersetzlich und wichtig für das Urvertrauen der Seele, die nun auf dem Weg der vollständigen Inkarnation ist.

Es gibt auf eurer Ebene Methoden der Alternativschwangerschaften ohne die Vereinigung der männlichen und weiblichen Kraft. Wenn sich im Moment der Beseelung die Zellen noch nicht im Mutterleib befinden, bleibt die Antwort auf die Initialzündung aus, und die Seele beginnt ihren schwersten Lebensweg. Sie erfährt sich getrennt von der göttlichen Ebene und verliert das Urvertrauen in die Schöpfung. Das ist ein sehr intensiver Lernprozess, den sich nur wenige Seelen aussuchen, weil er ein schweres Leben mit vielen Hindernissen nach sich zieht.

Dass die Seelen die Erinnerung an die göttliche Quelle in dieser Inkarnation zurück erlangen, ist eher unwahrscheinlich. Aber auch das ist wichtig für den Ausgleich auf eurer Ebene. Ihr braucht Menschen, die sich vollständig losgelöst haben, sich nicht erinnern möchten, um euch die Plattform zu bieten, schwerwiegende, für euch negative Erfahrungen zu sammeln. Dankt diesen Menschen zutiefst, es sind sehr mutige Seelen unter euch.

Ist die Verbindung zur Mutter über diese Initialzündung aufgebaut worden, erinnern sich beide an ihr wahres Wesen. Das ist sehr schön, birgt aber die nächsten Ängste und somit die eigentlichen Lernprozesse in sich. Darauf werden wir noch genauer eingehen. Neben der Materialisierung in Licht durch die Reproduktion der Zellen findet zusätzlich zu dem Wachstum des menschlichen Körpers die Ausbildung des Energiesystems statt. Einmal über die Initialzündung, zum anderen über die energetische Verbindung zur Mutter.

Zusätzlich bildet sich nun die Aura aus. Sie entsteht als Kern im heranwachsenden Körper. Wie ein Lichtkreis im Inneren des Körpers, der sich langsam nach außen hin ausdehnt. Sie dehnt sich so weit hinaus, dass sie in die Aura der Mutter läuft. Das ist die zweite energetische Verbindung zur Mutter.

Diese kann nun ihr Kind in sich spüren und hat ein Gefühl der Geborgenheit und Zuneigung. Darum ist es auch wichtig, dass ihr euren Kindern nun eure Zuneigung zeigt, indem ihr zum Beispiel den Bauch streichelt. Denn die Seele in euch kann alle Reize aus der Außenwelt intensiv aufnehmen.

Über die Aura werden Emotionen, Worte, Gedanken, Gerüche und vieles mehr aufgenommen und bereits verarbeitet. Achtet darauf, ruhig mit eurem Kind zu sprechen, es zu liebkosen, indem ihr den Bauch streichelt, und euch die Ruhe zu gönnen, die ihr braucht.

Es sind intensive Prozesse, die jetzt in euch ablaufen und die ihr nicht unterschätzen solltet. Nehmt euch jeden Tag Zeit mit eurem Kind und spürt dabei die Vereinigung zwischen euch und der göttlichen Kraft. Das wird euch helfen, wenn ihr während der Schwangerschaft mit einigen eurer Ängste konfrontiert werdet. Diese Ängste werden ausgelöst durch die Energieerhöhung innerhalb der unteren drei Chakren bei der Mutter, was wir euch später noch genauer erklären.

Nun ist es wichtig, die energetische Verbindung zum Vater zu erläutern. Diese ist nicht ganz so intensiv und auch nicht so wichtig, auch wenn es die Gefahr der Wertung in eurer Welt beinhaltet. Das ist so nicht gemeint, meine lieben Erdenkinder, der Vater hat andere Aufgaben und steht deshalb etwas außerhalb der energetischen Verbindung. Trotzdem ist sie da und entsteht wie bei der Mutter über die Initialzündung.

Es bildet sich im Moment der Beseelung ein energetisches Band zwischen dem Vater und dem Kind. Wie eine unsichtbare Nabelschnur, die die beiden immer in Verbindung hält, auch über den Geburtsvorgang hinaus. Das ist sehr wichtig, denn über das untere Chakra des Vaters beginnt sein Energiesystem nun, sich umzustellen. Die Verantwortung für das Kind anzunehmen und es mit Stolz zu tragen und zu schützen. Das ist genauso wichtig wie das Einfließen der männlichen Energie als Gegenpol zur weiblichen. Die Dualität beider Energien bringt wieder die Vollständigkeit, vereint in einer Seele. Auch bei dem Vater können nun während der Schwangerschaft Prozesse ausgelöst werden, die in Heilung gehen dürfen. Ängste, die als Möglichkeit der Transformation dienen.

☆☆☆

Vereinigung der mütterlichen und väterlichen Energie innerhalb der Seele

Wir haben bereits besprochen, dass sich beide Energien mit der Seele verbinden. Die Initialzündung vereinigt die Mutterseele mit der Seele und den Vater über die väterliche Nabelschnur. Mutter und Vater sind dabei nicht miteinander verbunden, hierbei geht es erst einmal um die Verbindung mit der Seele zwischen den beiden Anteilen.

Ein weiterer wichtiger Vorgang ist die Abspaltung eines Seelenanteils von Mutter und Vater für die Bereitstellung des Anteils in ihrem Kind. Das bedeutet, Mutter und Vater stellen der ankommenden Seele bei der Beseelung einen Anteil zur Verfügung. Dieser ist wichtig für die weiteren Prozesse und verbleibt beim Kind. Er kann nicht zurückgeholt werden, sondern vereinigt sich erst wieder auf Seelenebene mit ihren ursprünglichen Seelen. Auf diese Prozesse werden wir später noch genauer eingehen. Vorab gesagt: Es ist ein sehr intensiver Lernprozess für Mutter und Vater, der die Möglichkeit zur Heilung in sich trägt.

Alles, meine lieben Menschenkinder, trägt die Möglichkeit der Heilung in sich. Ihr habt euch viele Prozesse ausgesucht, um zu lernen und dem gesamten Kollektiv die Möglichkeit des Erwachens, der Erinnerung und der Vereinigung zu geben. Mit eurer Wahl des Lebens gebt ihr allen Seelen die höchstmögliche Erfahrungsebene.

Wir danken euch sehr für euren Mut und möchten euch auf eurem Weg unterstützen. Ruft uns in jeder Situation, in der ihr euch alleine fühlt, Hilfe braucht und nicht wisst, was euer Herz euch sagen möchte. Wir warten nur darauf, euch zu helfen.

Wir sind immer an eurer Seite und darauf bedacht, euch so viel Segensenergie zur Verfügung zu stellen, wie ihr bereit seid, in eurem Energiefeld aufzunehmen. Bittet darum, öffnet euch, und es wird geschehen.

Wir lieben euch.

Der Einfluss der Energieerhöhung über die Seele in Bezug auf die Chakren

Sakralchakra

Dieses Chakra wird im sogenannten ersten Trimenon der Schwangerschaft zuerst angesprochen. Die Energieerhöhung wird hauptsächlich über die Lage der Seele ausgelöst. Diese befindet sich nun auf Höhe des Sakralchakras und verstärkt dort den Ist-Zustand. Das bedeutet, es wird das angesprochen, was gerade im Chakra entsteht.

Ist ein Chakra geöffnet und ohne Blockade, wird die Frau innerhalb der Schwangerschaft die diesem Chakra entsprechenden Ängste nicht erleben. Bei einer Blockade des Chakras werden die Ängste und Themen an die Oberfläche, ins Bewusstsein geholt. Das bedeutet, sie werden sichtbar, damit sie in die Heilung gehen zu können.

Es ist sehr wichtig, meine lieben Menschenkinder, dass ihr euch eure Ängste betrachtet. Sie sind Anzeiger eurer ureigenen Themen und spiegeln euch das wider, was ihr als Aufgabe in euren Inkarnationsbeutel gepackt habt. Bitte wacht auf, ihr lebt in einem Zeitalter, das nicht mehr zulässt, wegzusehen, sondern ihr seid mit eurem wahrhaftigen Sein gefordert, hinzuschauen. In diesem Zeitalter liegt das gesamte Potenzial der Auflösung eurer Ängste. Also, sie nicht in einer Schublade zu verstecken, sie zu ignorieren oder durch mentale Techniken scheinbar zu verringern. Es geht um die vollständige Auflösung der weltlichen Ängste, und damit um Heilung für das gesamte Kollektiv. Und seid euch sicher, ihr lieben Menschenkinder, ihr schafft das. Ihr seid stark und mutig genug, und ihr habt alle eure geistigen Helfer zur Seite, die euch unterstützen und über die Segensenergie den Raum der Heilung halten.

Das Sakralchakra erinnert euch an eure eigene Schöpferkraft. Dass ihr selbst Schöpfer seid und über eure göttliche Kraft, die in euch wohnt, euer Leben gestaltet, sei es auf bewusster oder unbewusster Ebene.

Dieses Chakra ist die Erinnerung an die göttliche Kraft in euch und an die Verbindung mit der großen Liebe der göttlichen Quelle. Die Erinnerung ans Licht, an das Baden in Liebe und der Gemeinschaft aller Seelen. Es verbirgt ein großes Potenzial in euch, zu erkennen, wer ihr wahrhaftig seid.

Darum geht es am Anfang der Schwangerschaft. Ihr sollt euch als Schöpferwesen erkennen, der göttlichen Kraft entsprungen, angebunden an die göttliche Quelle, niemals voneinander getrennt und als Teilaspekt des großen Lichts auf der Ebene der Menschlichkeit inkarniert.

Du hast dir in deinen Inkarnationsbeutel die Verabredung mit einer Seele gepackt, sie in dir aufzunehmen und zu tragen. Die Vereinigung mit dieser Seele zeigt dir deine Lebensaufgaben, dein Potenzial der Heilung, und bietet dir über die Bewusstwerdung deiner Ängste die Möglichkeit, dich selbst zu erfahren.

Im ersten Teil der Schwangerschaft behaltet ihr meistens die Freude über dieses Ereignis aufgrund der kollektiv erlebten Angst für euch. Das ist der erste Schritt, mein liebes Kind: Sei mutig und erzähle die frohe Botschaft, erkenne das wahre Glück hinter dieser Aufgabe und sei eines der Menschenkinder, die die Welt durch den Wandel begleiten und die Gedankenstrukturen der alten Energie auflösen.

Durch die Nichtakzeptanz, dass der Tod zum Leben dazu gehört, ignoriert ihr ihn auf allen Ebenen. Er ist ein sehr großes Heilungsfeld, die Seelen gehen nach Hause. Aber wir verstehen sehr gut, dass die Konfrontation mit dem Tod eine eurer schwersten Aufgaben und mit größtmöglichem Verlust und Schmerz verbunden ist.

Die Angst, eurer Kind zu verlieren, gerade in dieser ersten Zeit, ist verbunden mit der Energieerhöhung in eurem Sakralchakra. Dies dient der Schöpferkraft, und ein Kind in euch zu nähren ist das Erschaffen neuen Lebens.

Doch ihr übernehmt die alleinige Verantwortung für diese Aufgabe. Das ist der erste komplexe Teil der Angst, die es nun aufzulösen gilt. Schaut, ihr habt euch den Inkarnationsbeutel gepackt, in dem die Ankunft des Kindes verabredet ist. Das bedeutet, ihr könnt euer Kind nicht verlieren. Ihr seht euch immer noch als Individuum, als Einzelgänger, getrennt von der Gesamtheit des Kollektivs und damit der göttlichen Quelle. Das seid ihr nicht, und daher tragt ihr nicht allein die Verantwortung für den Verlust eures Kindes.

Diese Angst resultiert aus der Anbindung an die göttliche Quelle im ersten Teil der Schwangerschaft. Ihr seid verbunden mit der Quelle und spürt sie durch die Seele in euch so intensiv. Ihr seid vereinigt mit der Seele in euch, eure Energiefelder sind eins und kommunizieren in jedem Augenblick miteinander.

Der Verlust dieses Zustands verbirgt die eigentliche Angst hinter der Angst, das Kind zu verlieren. Befreit euch von der Vorstellung, ein einzelner Mensch zu sein. Ihr erfahrt die Individualität, um euch an die Vereinigung mit anderen Seelen zu erinnern.

Die Schwangerschaft gibt euch bereits jetzt die Möglichkeit, euch zu erinnern. Ihr werdet mit der Angst des Verlustes eures Kindes konfrontiert, um euren eigenen Verlust, euer Sterben aus Sicht der göttlichen Quelle, zu sehen. Aus der Illusion des Getrenntseins von Gott herauszutreten. Ihr lebt in einer Welt der Illusion, und es ist an der Zeit, diese zu erkennen. Momentan gebt ihr euch dieser Illusion noch hin und ignoriert eure Ängste. Ihr gebt euch gegenseitig die Verantwortung und damit die Schuld.

Meine lieben Kinder, hört auf damit, es ist an der Zeit zu erkennen, dass ihr nicht alleine seid, euer Teil des Großen Ganzen zwar Einfluss nimmt, aber nicht alleinig die Entscheidungen fällt. Es existiert keine Schuld. Ihr seid frei, unbegrenzt und geliebt. In jeder Situation, zu jedem Zeitpunkt, in jedem Moment.

Weil ihr euch nicht als Schöpfer seht, sondern als Werkzeug der Schöpferkraft, werdet ihr den tatsächlichen Verlust eures Kindes als eure Schuld annehmen, und diese werdet ihr hauptsächlich gegenüber Gott verspüren. Ihr lebt in einer Gesellschaft, die von Leistung geprägt ist und hohe Anforderungen an jeden Einzelnen stellt. Ihr seid auf euch gestellt und sollt doch stark genug sein, allen Anforderungen standzuhalten, egal, in welcher Situation. Das kann so nicht funktionieren. Ihr seid zwar stark und mutig, aber es geht nicht darum, den Anforderungen standzuhalten, sondern darum, eurem Herzen zu folgen. Euch als Schöpfer und den Verlust nicht mehr als Versagen zu sehen. Nehmt ihn an, nehmt die Angst als das an, was sie ist:

Die Aufforderung eurer Seele, sich zu erinnern, mit jeder Faser und auf allen Ebenen eures Bewusstseins.

Verbringt die erste Zeit der Schwangerschaft damit, euch selbst zu danken – für euren Mut und eure Stärke. Dankt euch für die Erinnerung eurer Seele an euer wahrhaftiges Sein. Seht eure Ängste, nehmt sie an und akzeptiert sie als das, was sie sind: eine Erinnerung an euren Inkarnationsbeutel, daran, dass sich in dem Zustand der Ängste die größtmögliche Heilung verbirgt.

Dankt euch für euer Sein. Dankt euch für euren Mut zu inkarnieren, euch der Illusion hinzugeben, getrennt von der göttlichen Quelle zu sein. Dankt euch für den Mut, euch als Individuum zu erfahren, um dann zur Quelle zurückzufinden. Dankt euch für alles, was ihr erlebt, für jede Entscheidung, die ihr trefft, für alle Aufgaben, die ihr euch gestellt habt. Dankt euch jeden Tag und bringt damit die Segensenergie in euch.

Öffnet euch dafür, wir senden sie ununterbrochen zu euch.

Erkennt euch, erinnert euch.

Wir lieben euch.

Wurzelchakra

Dieses Chakra verbindet euch mit Mutter Erde. Es gibt euch Geborgenheit, Schutz und Kraft und ist die Basis allen Seins, die Verbindung zu Mutter Erde und der Gegenpol zur Verbindung mit Gott-Vater. Die Einheit beider Chakren ist von großer Bedeutung, denn es stellt euer Sein dar. So lange ihr als Seelen auf der Ebene der Menschenkinder verweilt, sind sie aktiv. Sie können blockieren, ja, aber sie fallen ein wenig aus der Reihe, denn eine völlige Blockade dieser beiden Chakren gibt es nicht.

Die Verbindung zwischen dem Wurzel- und dem Kronenchakra, das die Verbindung zu Gott-Vater darstellt, bleibt jederzeit bestehen. Sie stehen in Wechselwirkung miteinander und ernähren sich gegenseitig, im immerwährenden Austausch der Energien von der göttlichen Quelle und der Erdenmutter. Beide sind immer miteinander verbunden und werden niemals voneinander getrennt sein, so, wie ihr niemals von Gott-Vater oder Mutter Erde getrennt seid. Ihr lebt in dieser Einheit, in diesem Austausch der Energien, ihr haltet die Mitte. Es ist die Basis allen Seins, und ihr als Mitte haltet die Energie. Ihr befindet euch mal mehr im oberen Chakra, mal mehr im unteren, aber dennoch könnt ihr niemals eins ausschalten und euch nur auf das andere konzentrieren. Sie stehen immer in Wechselwirkung miteinander und nehmen daher eine Sonderstellung ein.

Die Beseelung des Körpers in der Schwangerschaft findet über das Wurzelchakra statt. Es ist die Basis allen Seins. Über das Kronenchakra verlässt die Seele beim weltlichen Sterbeprozess, beim Nachhausekommen, den menschlichen Körper wieder. Ihr seht, das Zusammenspiel dieser beiden Chakren ist wichtig und übersetzt die Vereinigung der Göttlichkeit im Sinne der Dualität.

Die Vereinigung dient der Erinnerung an euer wahrhaftiges Sein. Wir haben euch schon beschrieben, dass ihr euch in der Schwangerschaft intensiv damit beschäftigt, zu erkennen, wer ihr wirklich seid. So auch in diesem Moment der Schwangerschaft, dem sogenannten zweiten Trimenon.

Wenn die Seele sich auf Höhe des Wurzelchakras befindet, werden hier durch die Energieerhöhung die Themen des Chakras angesprochen. Es kann sein, dass euch nun bewusst wird, wie es sich anfühlt, nicht mehr alleine zu sein. Bis dahin habt ihr euch als Individuum wahrgenommen. Welche Veränderungen ein Kind bringt, habt ihr euch teilweise schon überlegt und in den buntesten Farben ausgemalt. Aber euer Unterbewusstsein bringt euch jetzt immer mehr die Erinnerung daran, dass ihr kein Individuum, sondern alle eins seid.

Mit eurem Verstand, der euch verdeutlicht, welche Themen ihr euch ausgesucht habt, sieht das in eurer Sprache so aus, dass ihr meint, handlungsunfähig zu sein. Ihr habt nun ein Kind in euch, tragt es aus, und euch wird bewusst, was es bedeutet, nicht mehr alleine zu sein.

Aber was bedeutet es nun wirklich? In euren Augen wohl, dass ihr nicht mehr die Dinge unternehmen könnt, die euch lieb und teuer sind. Dass ihr gebunden seid, abhängig von einer anderen Person. Selbstverständlich könnt ihr den neuen Erdenbürger, wie ihr ihn nennt, eurem Leben anpassen. Dadurch beschäftigt ihr euch mit der Anpassung eines anderen Individuums an eure Lebensumstände und überseht die wahre Botschaft, nämlich dass ihr niemals alleine seid. Jeder ist mit jedem verbunden, zwischen allen besteht ein Band, und alle Entscheidungen, die ihr trefft, nehmen Einfluss auf das Große Ganze, das gesamte Kollektiv.

Diese Erkenntnis, die nun das Unterbewusstsein an die Oberfläche bringt, löst die Angst in euch aus, überfordert zu sein. Ihr fragt euch, ob es tatsächlich der richtige Zeitpunkt ist, ein Kind zu bekommen. Ihr fragt euch nach dem Sinn, stellt eure Partnerschaft infrage und überlegt, ob ihr wirklich bereit seid für ein Kind, mit der Erkenntnis, dass es jetzt für euch nicht mehr zu ändern ist. Dass es kein Zurück mehr gibt, denn das Kind wächst bereits in euch, ihr könnt es fühlen. Die Seele ist in euch, und ihr seht den Herzschlag eures Kindes, der euch mit Freude und Glück erfüllt, ihr spürt die Bewegungen, und doch ist da die Angst, all dem nicht gewachsen zu sein. Nicht bereit zu sein.

Nun geht es darum, ins Vertrauen mit eurer Schöpferkraft zu kommen. Anzuerkennen, dass ihr die Entscheidungen gemeinsam auf einer höheren Ebene getroffen habt. Ihr seid nun kein einzelnes Individuum mehr, weil ihr es niemals vorher wart. In der weltlichen Illusion habt ihr geglaubt, alleine zu sein, abgeschnitten von der göttlichen Quelle, auf euch gestellt, und das so gelebt. Doch das seid ihr nicht, und die Aktivierung dieses Chakras stellt euch noch einmal in die direkte Konfrontation dessen, was ist.

Auch hierin liegt die vollständige Heilungsmöglichkeit. Ihr könnt erkennen, dass ihr immer miteinander verbunden seid und damit die Hauptaufgabe eurer Inkarnation lösen. Die immer bestehende Verbindung mit dem Göttlichen zu erkennen, anzunehmen und auf allen Ebenen zu leben. Macht es euch bewusst, werdet klar in dem, was ihr seid. Es ist sehr schön, nicht alleine zu sein, es nicht alleine schaffen zu müssen, sondern in der großen kosmischen Ordnung mitzuwirken und einen Beitrag zu leisten, an dem das gesamte Kollektiv wachsen kann.

Die Botschaft darin beinhaltet die Erkenntnis, dass ihr zu jedem Zeitpunkt angebunden seid und ihr euch lediglich durch die Illusion, ein Kind durch euch nach außen zu gebären, von der göttlichen Quelle entfernt habt. Ihr gebärt nach außen, aber ihr gebärt kein Individuum, sondern einen Teilaspekt Gottes. Einen Teilaspekt, wie ihr selbst einer seid, geboren durch eure Mutter.

Ihr gebt der Seele die Möglichkeit, zu inkarnieren und zu leben. Sich den Gesetzmäßigkeiten der Dualität zu stellen, um sich erinnern zu können. Die Erfahrungen mit dem Kollektiv zu teilen und das Wachstum aller Seelen im gesamten Universum zu unterstützen. Das, mein liebes Menschenkind, ist ein Geschenk, das du dir selbst gemacht hast.

Du bist aktiver Teil eines Prozesses, den alle Seelen durchleben. Einige verbleiben passiv zu eurer Unterstützung in der Geistigen Welt, andere wie ihr gehen aktiv in die Dualität und bringen alle Erfahrungen mit nach Hause.

Schau dir den Heilungsweg in der Schwangerschaft an, prüfe, wenn du diesen Ängsten unterliegst, ob du in deinem vollen Bewusstsein zu dir und der göttlichen Quelle stehst. Werde dir bewusst, was und wer du bist. Schau dich an, liebe dich und danke dir für dein Sein.

Du bist eine wundervolle Seele, und ohne dich wäre das Gesamte nicht das Gesamte.

Ohne dein Licht auf der Ebene der Menschenkinder wäre es nicht so hell, wie es ist.

Ohne dein Licht auf der Seelenebene wäre es auch hier nicht so hell, wie es ist.

Du wirst gebraucht, du gehörst dazu und erfüllst einen wunderbaren großartigen Zweck auf der Ebene des Seins.

Wir danken dir dafür.

Solarplexus

Dieses Chakra ist die Verbindung zur Außenwelt, das bedeutet, zu den Seelen, die in deinem direkten Umfeld wirken. Es dient der energetischen Kommunikation und ermöglicht es dir zu spüren, was für dich stimmig ist. Das, was deinem Wesen entspricht und mit dem du in Erinnerung an deinen Inkarnationsbeutel in Resonanz gehst, geschieht über dieses Chakra.

Die emotionale Auseinandersetzung mit deinem Umfeld findet über dieses Chakra statt. Es ist ein direkter Anzeiger für alle Dinge, die dir entsprechen und deinen Weg unterstützen. Alles, was du spürst, ist reinen Herzens, reine Energie, reine Erinnerung daran, was du dir zur Aufgabe gemacht hast. Die Resonanzen, die über dieses Chakra gespürt werden, sind am deutlichsten, weil sie die Wahrnehmung auf allen Ebenen voraussetzen.

Ihr nehmt nicht nur über euer Aurafeld, über die Chakren, sondern auch über den physischen Körper und euren Verstand die Aspekte auf und verarbeitet sie. Ihr analysiert in Schnelle die ankommenden Reize, und eurer Chakra sendet euch die Übereinstimmung mit eurer Urschwingung. Es ist der Sitz aller Emotionen und die direkte energetische Kommunikationsfläche mit eurem Höheren Selbst, also mit Gott. Der Solarplexus verbindet das niedere mit dem Höheren Selbst, in Kombination mit dem Herzchakra. Damit stellt auch dieses Chakra die Verbindung zur göttlichen Quelle dar.

Dieser seid ihr entsprungen, und ihr spürt über dieses

Chakra all die Dinge, die der göttlichen Quelle, eurem ur-eigenen Willen, entsprechen.

Im letzten Trimenon eurer Schwangerschaft wird es nun sehr eng in diesem Chakra, so könnte man es ausdrücken. Es ist eine sehr intensive Zeit, weil ihr euch am wenigsten mit dem auseinandersetzen möchtet, was ihr nun zu lernen vermögt. Die Ängste im letzten Trimenon sind gemeinsam mit den Geburtsängsten sehr intensiv. Es ist die schwierigste Aufgabe, die ihr euch stellt. Die direkte Spiegelung dessen, was der Kreislauf des Lebens ist.

Ihr habt euch mit eurem Verstand und eurer Angst einen Anfangs- und einen Endpunkt gesetzt. Für euch ist die Geburt der Anfang vom Leben und der Tod das Ende. Das ist soweit richtig, wenn man ausschließlich eure Ebene des Seins betrachtet. Ihr lebt in ihr, deshalb ist es verständlich, dass ihr euch schwertut mit der Akzeptanz, dass es nicht die einzige Ebene des Seins ist.

Aus unserer Sicht ist die Geburt das Ende und der Tod der Anfang. Es stellt einen immerwährenden Prozess der Wechselwirkung beider Welten dar. Es gibt nicht wirklich ein Ende oder einen Anfang. Ihr beendet euren Aufenthalt innerhalb der Seelenebene, aber nur deshalb, weil ihr euch als getrennte Wesen seht. Eure Ankunft auf der Menschenebene ist für euch das Leben. Das Ende durch den Tod stellt für uns das Nachhausekommen der Seele ins Licht dar, für euch den Verlust eures geliebten Menschen und der Glaube daran, selbst zu jedem Zeitpunkt mit der göttlichen Quelle verbunden zu sein. So erlebt ihr als Frau in diesem Moment der Schwangerschaft das Gefühl, ausgeliefert zu sein, denn ihr wisst, es gibt kein Zurück, ihr müsst euer Kind gebären. Ihr spürt, dass es eine Grenzerfahrung ist, sowohl auf körperlicher als auch auf emotionaler Ebene. Ein Ausbruch jeglicher körperlicher und emotionaler Empfindungen, vereint in einem tiefen Transformationsprozess.

Ihr seid in einer Art Ohnmacht und habt das Gefühl, die Kontrolle zu verlieren. Das ist gut so, denn es geht hierbei um das Fallenlassen, das Loslassen. Um die Bereitschaft, euren irdischen Körper endgültig loszulassen, um zu erkennen, dass ihr nicht nur dieser Körper seid. Den Körper als Werkzeug anzuerkennen und die Seele als wahrhaftiger Kern dessen, was der göttlichen Quelle entsprungen ist.

Ihr habt es nicht leicht in diesem Teil der Schwangerschaft, denn ihr seid körperlich bereits fast an eure Grenzen gegangen. Euer Unterbewusstsein spürt die Vergänglichkeit eures Körpers und antwortet mit einer doch unbewussten Todesangst, dem eigenen oder dem Körper des Kindes gegenüber.

Die Angst, es nicht zu schaffen, die Geburt nicht zu überleben, zu versagen und schlicht und ergreifend die Schmerzen nicht aushalten zu können, rumort in eurem Kopf. All dies ist Teil des Transformationsprozesses. Der eigentliche Prozess findet über die Geburt statt, doch darauf gehen wir noch ein.

Es ist die Vorbereitung der mütterlichen Seele innerhalb der Schwangerschaft. Die Bereitschaft, alle Anhaftungen auf der Ebene der Menschenkinder loszulassen. Alle scheinbar gelebten, individuell geschaffenen Erfahrungen loszulassen. Euch in die Hände Gottes fallenzulassen ist die Hauptaufgabe in dieser Zeit. Bereit zu sein, euch aus eurem Körper vollständig zu lösen und nach Hause zu gehen. Zu erkennen, dass ihr nicht wirklich etwas verliert, da ihr alle eins seid.

Die schmerzlichen Erfahrungen alter Inkarnationen, sich von Gott getrennt zu fühlen, zu transformieren. Das Leben und den Tod als Kreislauf zu erkennen, der niemals endet und niemals anfängt, das ist der Heilungsprozess hinter dieser Angst. Die Geburt nicht mehr als Anfang und der Tod nicht mehr als Ende zu definieren, sondern sich im Strom der Energien mitreißen zu lassen.

Ihr werdet auf die Geburt und die möglichen Geschehnisse vorbereitet. Dass ihr oder etwa euer Kind während der Geburt sterben könntet, ist der Heilungsprozess, die Erkenntnis, dass ihr alle eins seid. Erinnert ihr euch daran, dass ihr bei der Beseelung einen Anteil eurer Seele an euer Kind abgegeben habt? Die Angst, dass euer Kind bei der Geburt sterben könnte, ist ein Zeichen für die unbewusste Energie der Todessehnsucht. Ein Anteil von euch geht nach Hause, eure Seele aber verbleibt auf der Erdenebene. Sie ist weiter der Dualität ausgeliefert und fühlt sich getrennt von der göttlichen Einheit. Lernt, seht hin und erkennt, dass ihr niemals getrennt seid.

Ihr könnt euch fallenlassen in einer der deutlichsten Grenzerfahrungen, die ihr auf eurer Ebene erleben könnt. Lasst euch fallen und erkennt, dass ihr gehalten werdet und nicht wirklich fallen könnt. Erkennt über eure Angst der Vergänglichkeit und der Todesangst die Heilung in dieser Zeit. Setzt euch mit eurer Angst auseinander und nehmt sie an. Es ist wichtig, dass ihr euch dessen bewusst werdet, dass euch nichts geschehen kann.

Bereitet euch auf eure Geburt vor, indem ihr die Angst, es nicht zu schaffen, nicht verbergt. Sprecht darüber, schaut, wo ihr in Resonanz geht und wo genau ihr im Leben nicht eins seid mit euch und der göttlichen Quelle. Geht hinein in den Schmerz eurer Wehen, in euer Bild der Geburt, und fühlt ihn wahrlich in euch. Er bringt euch Heilung auf allen Ebenen der Weiblichkeit und deren Existenz in der göttlichen Kraft.

Spürt hinein und verinnerlicht das Gefühl, in diesem Moment der Geburt die Kontrolle absichtlich zu verlassen, euch fallenzulassen, euch hineinzubegeben in den Strom der wirkenden Energien. Gebt euch diesem Prozess hin und lasst es geschehen. Lasst es mit und durch euch geschehen, und ihr werdet anschließend in die Heilung gehen können.

Die Erinnerung an die wahre Göttlichkeit in euch und die Erkenntnis, dass euer Tod, das Ableben eures weltlichen Körpers, nicht das wirkliche Ende darstellt, ist eine schmerzliche Erfahrung. Wir wissen das. Ihr habt unsere volle Aufmerksamkeit bei diesem Prozess. Der Schmerz, den ihr durchlebt, bringt euch zurück zu euch selbst. Er holt euch von dem, was ihr im Außen betrachtet, bedingungslos und mit aller Kraft in eurer Inneres, in euren Kern. In euer wahrhaftiges Sein. Über den Schmerz der Geburt die Kontrolle zu verlieren, loszulassen, euch sozusagen aufzugeben, ist der eigentliche Sinn. Die Erinnerung daran, dass ihr ein Teil des Großen Ganzen seid und kein Individuum.

Seid mutig, lasst los, lasst euch auffangen von der göttlichen Kraft. Wir sind die ganze Zeit bei euch und halten die Energie. Ihr müsst nur loslassen und euch fallenlassen, damit ihr sie spüren könnt. Das tut ihr in dem Moment, in dem ihr euch aufgebt, und ihr findet euch darüber hinaus wieder.

Die Vorbereitung auf diesen Prozess ist gewaltig, der Prozess an sich noch intensiver, aber seid euch sicher: Ihr schafft das. Seid euch sicher: Ihr schafft das.

Ihr möchtet gerne die Kraft besitzen, alles durchzustehen, aber ihr braucht nicht um Kraft zu bitten, denn ihr benötigt keine Kraft, sondern die Fähigkeit, die Bereitschaft, euer Sein loszulassen.

Euer Kind wird geboren werden, und ihr werdet euch auch dieser Herausforderung stellen.

Ihr seid mutige Wesen, die niemals alleine sind, sondern vereint mit der göttlichen Quelle, der Ebene allen Seins.

Fühlt euch geliebt und getragen.
Ihr seid eins mit Gott, ihr seid Gott.
Erinnert euch daran.
Wir lieben euch.
Wir danken euch.

Liebe Leserin,

mir ist klar geworden, warum man in der Schwangerschaft mit Ängsten konfrontiert wird, und ich bin sehr dankbar, den Zusammenhang erkennen zu dürfen. Es ist leichter, und man fällt weniger in Selbstzweifel, wenn man erkennt, dass alles ein logisches Spiel der Energien ist, die dazu dienen, uns unsere tiefen Themen zu zeigen und sie zu lösen. Es ist nicht immer einfach, im Alltag den Zusammenhang zu erkennen und sich in jeder Situation daran zu erinnern, aber man erlebt doch eine gewisse Gewohnheit, die dazu führt, immer schneller wahrzunehmen, welche die wahren Gründe für Ängste, Emotionen oder Situationen sind.

Wir werden uns als Nächstes mit dem Thema Geburt beschäftigen, wobei die Geistige Welt klar gezeigt hat, dass die Struktur des Buches so nicht ganz korrekt ist. Es gibt keine einzelnen Stadien. Die Schwangerschaft an sich beschreibt lediglich den Zustand der Frau in Bezug auf die Reifung des Kindes und stellt eine Phase des Inkarnationsprozesses dar. Sie ist aber nicht als eigenständiger Anteil zu sehen, sondern als Teilaspekt des Ganzen.

So geschieht die Unterteilung des Inkarnationsprozesses aus Sicht der Geistigen Welt mehr oder weniger in Phasen, wobei es auch hierbei keine wirkliche Trennung gibt.

Die erste Phase ist die Ankunftsphase und beschreibt die Zeit vor und während der Beseelung.

Die zweite Phase ist die Verabschiedungsphase, das bedeutet, die Phase der Vorbereitung auf den weltlichen

Geburtsvorgang mit der vollständigen Materialisierung der Seele in der Dualität.

Die letzte Phase ist die Trennungsphase, die eigentliche weltliche Geburt.

Diese Phasen gehen aber ineinander über und sind nicht getrennt voneinander zu sehen, zumal sie je nach Aufgaben im Inkarnationsbeutel unterschiedlich lange dauern. Auch der Zeitpunkt der weltlichen Geburt ist daher sehr flexibel und nicht wirklich in einem Raster zu betrachten.

Die Zeit der Verabschiedung ist für die Mutter spürbar, der Bauch wird langsam unbequem, es wird eng, und man hat das Gefühl, dass es nun Zeit wird, sich vorzubereiten. Man bekommt ein Gefühl dafür, das Bettchen herzurichten, beschäftigt sich eingehend mit den Geburtsmöglichkeiten und sehnt sich langsam danach, nicht mehr schwanger zu sein. Bei diesen Gefühlen ist man im letzten Teil der Verabschiedungsphase.

Die Geburt ist ein aufregender Moment, man wartet förmlich die ganze Zeit darauf, und doch ist er mit so viel Achtung und Demut erfüllt. Beim ersten Kind ist alles neu, eine Vorstellung über den Ablauf der Geburt hat man nicht, und diese kann einem auch niemand geben. Die Geburt ist so individuell, jede Frau hat ihre eigenen Themen im Inkarnationsbeutel, eine andere Empfindung in Bezug auf die Schmerzen, den Ablauf und vor allem die Leichtigkeit oder Schwere.

Die Geburt meiner Tochter Laura war für mich ein traumatisches Erlebnis. Sie zu halten, anzuschauen und zu erleben, ja, das war wunderschön, aber nicht der eigentliche Geburtsvorgang. Nach unseren schamanischen Reisen zu diesem Thema verstehe ich, warum es so war und kann mich nun intensiv auf die Geburt von Max vorbereiten, ohne in eine Vorstellung gehen zu müssen, wie sie für mich auszusehen hat. Frei von Vorstellungen, aber mit dem Wissen, es geschieht alles aus dem Grund des Lernprozesses. Und diesen habe ich mir in erster Linie selbst ausgesucht. Es ist eine Herausforderung, im Augenblick des Schmerzes in der Erinnerung zu bleiben, aber es bietet die Möglichkeit, gestärkt aus der Geburt hervorzugehen und ein großes Stück Heilung zu erfahren.

Ich danke der Geistigen Welt sehr für diese Informationen und freue mich, sie aufschreiben zu dürfen.

Genährt sein vom Leben – Der Verlust der nährenden Mutter durch die Geburt des Kindes

Meine lieben Menschenkinder, ich möchte euch nun den weltlichen Aspekt der Geburt eures Kindes näherbringen. Ihr befindet euch in einem Zustand der Angst wegen des bevorstehenden Kontrollverlusts über euren Körper, wahrlich, über euer gesamtes Sein. Wir haben euch schon die verschiedenen Ängste erklärt, die durch den weltlichen Geburtsprozess noch verdeutlicht werden.

Grundsätzlich ist das Ausmaß der Ängste abhängig von der Resonanz zu deinem Inkarnationsbeutel. Das hier schreibende Menschenkind hat sich beispielsweise herausgesucht, ihre Wurzeln so zu akzeptieren, wie sie ihr gegeben wurden. Mütterliche Liebe hat sie nicht so erfahren, wie sie es von der göttlichen Quelle gewohnt war und es für das Ausleben ihrer Weiblichkeit wichtig gewesen wäre. Das ist eine ihrer Aufgaben: Die Weiblichkeit zu leben, und zwar auf allen Ebenen. Damit sie sich daran erinnert, hat sie sich eine Mutter ausgesucht, die nicht in der Lage war, sich emotional für ihr Kind zu öffnen. Die Themen der Mutter haben dabei natürlich ihren Anteil, aber darauf genauer einzugehen, ist an dieser Stelle nicht wichtig.

Es ist so, dass bei diesem Menschenkind der Kontrollverlust in Kombination mit der nährenden Funktion für ihr Kind eine schwierige Aufgabe darstellt. Die Angst, keine gute Mutter und dem Ganzen nicht gewachsen zu sein, ist momentan eine scheinbar unlösbare Aufgabe für sie. Aber das, mein liebes Menschenkind, kannst du bei deiner nächsten Geburt erneut versuchen aufzulösen, und vertraue darauf, dass du es schaffen wirst, denn du bist kraftvoll genug, die Dinge zu erkennen und dich daran zu erinnern, was du hier so wunderbar an andere Frauen weitergibst.

Welche Rolle spielt nun eure Mutter? Sie ist die Wurzel eures Daseins, gemeinsam mit der männlichen Energie eures Vaters. Sie stellen beide einen Teil dessen dar, der in euch lebt und gelebt werden möchte. Ihr habt bei eurem Eintritt in die Menschenebene, bei der Ankunft eurer Seele im Mutterleib, einen Anteil von beiden empfangen. Erinnert ihr euch? Damit habt ihr immer eine Verbindung zu euren Eltern. Erst wenn ihr alle im Reich der Seelen verweilt, bekommt ihr eure Anteile, die ihr verteilt habt, wieder zurück, genauso eure Eltern.

Der Seelenanteil, den die Eltern an ihr Kind abgeben, ist der einzige, der durch keine Technik, die euch auf Menschenebene zur Verfügung steht, wieder zurückgeholt werden kann. Damit seid ihr verbunden, zum einen mit euren Eltern und zum anderen mit euren Kindern. Das gibt euch die Sicherheit, dass ihr euch auf euren Reisen erkennt und euch später im Seelenreich wiederfindet. Das ist sehr wichtig, denn jede Seele kommt an einer anderen Stelle, auf einer anderen Ebene an und verweilt dort bis zur nächsten Inkarnation. Trotzdem seid ihr im immerwährenden Kontakt und teilt Erlebtes miteinander.

Es gibt zudem die Verbindung der energetischen Nabelschnur, ihr erinnert euch? So, wie ihr sie zu eurem Vater entwickelt habt, entwickelt sich anstatt der abgetrennten physischen Nabelschnur auch eine energetische zu eurer Mutter. Nun seid ihr selbst schwanger, werdet selbst Schöpfer und habt eine energetische Verbindung zu eurem Kind aufgebaut. Ihr habt nun, gemeinsam mit dem Vater des Kindes, eine energetische Verbindung zu eurem Kind.

Die energetische Nabelschnur eurer Mutter hat euch mit mütterlicher Energie versorgt, ihr wart genährt vom Leben, nicht nur auf physischer Ebene, sondern auch auf energetischer. Diese Verbindung erinnert euch an die Ur-Mutter. Sie stellt die Verbindung her und erinnert euch an das völlige Sein im genährten Zustand. Vom Leben versorgt zu sein, und das in jeglicher Hinsicht. Es wird immer für euch gesorgt, und das ist die Erinnerung daran, dass ihr vertrauen könnt.

Bei der weltlichen Geburt geht es darum, diese energetische Nabelschnur zu euren Eltern zu lösen. Das geschieht, ohne dass ihr einen Einfluss darauf hättet. Ihr fühlt euch in diesem Moment abgeschnitten von der Versorgung und getrennt von der göttlichen Ur-Mutter allen Seins. Die Erinnerung an die Versorgung der göttlichen Quelle soll nun in euch geweckt werden. Es ist ein schwieriger Prozess, denn ihr verliert nicht nur die Verbindung zu eurer Mutter, sondern seid ab diesem Moment selbst Mutter. Durch die Geburt eures Kindes werdet ihr mit der Energie des Versorgens konfrontiert. Ihr versorgt, sowohl energetisch als auch physisch, euer Kind, seid aber von der euch nährenden Energie scheinbar abgetrennt.

Die Energie eurer Mutter hat euch immer versorgt, auch wenn ihr euch dessen nicht bewusst wart. Der Kanal kann nicht unterbrochen werden, er besteht immer. Ihr habt eurer Mutter dafür Liebe gegeben. Ihr wart im Austausch, auch dann, ihr lieben Menschenkinder, wenn ihr euch nicht gesehen oder in Kontakt gestanden habt.

Die Trauer über den Verlust der Mutter sitzt tief, noch tiefer, als ihr ihn bewusst wahrnehmen könnt. Doch nun ist es an der Zeit, sie euch bewusst zu machen. Ihr könnt darauf vertrauen, nicht alleine zu sein und vom Leben genährt zu werden, auch dann, wenn ihr mit eurer Mutter nicht mehr energetisch verbunden seid. Die Quelle allen Seins übernimmt die Versorgung der Seelen. Das tut sie immer, und ihr könnt jederzeit um mehr Energie bitten.

Ihr fühlt euch allein, der Situation nicht gewachsen und mit der Tatsache überfordert, nun ein Menschenkind versorgen zu müssen. Das ist gut so. Es fördert die Erinnerung, dass ihr euer Kind zwar weltlich versorgt, aber sonst ein Energieaustausch stattfindet. Ihr müsst nicht die gesamte Energie zur Verfügung stellen, sondern nur euren Anteil. Den Rest übernimmt die göttliche Quelle für euch.

Ihr seid nicht die perfekte Mutter, wenn ihr euch für eure Kinder aufopfert. Es wird niemals reichen, niemals genug sein, weil ihr durch euren Verstand eine Struktur erschaffen habt, die in eurer Sprache den Perfektionismus definiert.

Meine lieben Kinder, es gibt niemals eine perfekte Mutter, und das ist gut so. Was hättet ihr auf der Welt zu lernen, wenn jeder Mensch in euren Augen perfekt wäre? In unseren Augen seid ihr übrigens perfekt. Ihr seid das Abbild Gottes, und was hätten wir daran auszusetzen?

Geht bewusst in den Vorgang der Geburt, lasst los auf allen Ebenen. Alle Ängste, die in diesem Moment in euch hochkommen, egal, ob sie hier nun beschrieben werden oder nicht, sollen euch an eure eigene Göttlichkeit erinnern, an die Quelle allen Seins, Gott Mutter und Gott Vater. Sie lieben euch und werden es immer tun. Ihr seid niemals allein.

Geht bewusst in die Entscheidung, eure Mutter loszulassen, sie gehen zu lassen. Dankt ihr für die Versorgung, die sie euch auf allen Ebenen gegeben hat. Dass sie sich zur Verfügung gestellt hat, euch auszutragen, zu versorgen und zu lieben, egal in welchem Ausmaß. Dankt ihr dafür.

Das wird euch bei eurem weiteren Kontakt helfen, denn durch die Geburt eures Kindes ist die Verbindung zwischen euch und eurer Mutter sichtbar anders. Ihr versteht nicht, was passiert ist, deshalb geht ihr in eine Art Konkurrenzkampf. Wir beobachten das sehr oft. Macht euch bewusst, was geschieht, dann kann eure Beziehung auch nach der Geburt eures Kindes in Einklang weiter bestehen. Ihr erlebt den Konkurrenzkampf, weil ihr nicht versteht, dass es in Ordnung ist. Ihr seht die Trennung von eurer Mutter als Verlust, und sie sieht das genauso.

In der Zeit, in der ihr noch energetisch mit eurer Mutter verbunden wart, habt ihr ihr zum Dank eure Liebe geschenkt. Wie auch immer eure Beziehung aussehen mag, ihr habt mit dem Wunsch nach Aufmerksamkeit und Geborgenheit die Grundlage geschaffen, dass sie euch versorgen konnte und ihr im Gegenzug Liebe geschenkt. Allein der Wunsch danach ist Liebe, meine lieben Kinder. Also befreit euch von den Vorstellungen, wie etwas auszusehen hat. Wenn ein Kind den Wunsch nach Aufmerksamkeit äußert, egal, ob über Worte, Verhalten oder Gedankengut, wird in der Mutter der Wunsch gehört und, sei es nur über die energetische Verbindung, erfüllt. Ihr seid im Energieaustausch, die ganze Zeit. Nun fällt dieser Energieaustausch weg, eure Verbindung wird scheinbar getrennt. Ihr seid zwar immer noch miteinander verbunden, spürt aber erst einmal den Verlust.

Ihr als die Kinder eurer Mutter werdet nun anders um Aufmerksamkeit bitten. Das löst in eurer Mutter ein Gefühl des Nicht-nähren-Dürfens aus. Zudem fehlt ihr der Energieausgleich durch eure Liebe. Ihr sprecht jetzt auf einer anderen Ebene miteinander, sozusagen eine andere Sprache. Diese versteht ihr beide nicht, wenn ihr es euch nicht bewusst macht. Euer scheinbarer Liebesentzug versucht eure Mutter nun auszugleichen, indem sie sich die Energie von eurem Kind holt.

Ihr kommt an einen Punkt, und es geht hier um die weltliche Form, in der ihr euch ausdrückt, euch vergleicht und in Konkurrenz kommt. Jetzt geht es nicht mehr darum, wer die Mutter welchen Kindes ist, sondern ihr vermischt diesen Zustand, konfrontiert euch mit Ratschlägen und dem Gefühl, nichts richtig zu machen. Das bringt euch weitere Verletzungen, die nicht sein müssen.

Werdet euch dessen bewusst, dass ihr niemals getrennt, sonder immer, zu jedem Zeitpunkt eures Daseins, egal, auf welcher Ebene, versorgt seid. Ihr seid genährt vom Leben, nicht nur durch eure Mutter, sondern auch durch eure Mütterlichkeit und die Quelle allen Seins. Ihr schafft alles, auch die Geburt, und könnt alle Situationen in eurem Leben meistern, wenn ihr lernt, im Einklang mit Gott zu sein. Zu vertrauen, dass ihr versorgt seid, wir bei euch und alle zu jedem Zeitpunkt miteinander verbunden sind.

Erinnert euch daran, werdet euch der Dinge bewusst und gebt euch nicht länger den Illusionen eurer Ebene hin. Es ist an der Zeit, die weltlichen Vorstellungen loszulassen, eure Gedankenstruktur zu durchbrechen und im Einklang mit Allem-was-ist zu leben.

Transformation durch die Geburt

Durch die weltliche Geburt ist es euch möglich, verschiedene Dinge anzusehen und die darin enthaltenen Ängste aufzulösen. Hier geht es nicht mehr darum, Ängste zu unterdrücken oder schönzureden, sondern sie in ihrer gesamten Existenz aufzulösen. Eure Ängste sind abhängig von eurem Inkarnationsbeutel, das haben wir bereits beschrieben. Es gibt aber auch kollektive Ängste, die grundsätzlich transformiert werden.

Die kollektive Weiblichkeit wurde einmal sehr verletzt. Ihr könnt euch bewusst oder unbewusst an eine Zeit erinnern, in der die Weiblichkeit nicht sehr geschätzt wurde. Sie stand vielmehr für den Zweck, Kinder zu gebären und den Mann in jeglicher Hinsicht zu versorgen. Es gab auch Zeiten, meine lieben Menschenkinder, in denen es genau anders herum war. Alles ist im Ausgleich, auch die männliche und weibliche Energie und deren Auslebung.

Nun sind wir in einer Zeit, in der die Weiblichkeit kollektiv geheilt werden darf. Sie darf von allen Erinnerungen alter Inkarnationen gelöst und in allen Facetten gelebt werden. Es ist die Aufgabe einer jeden Frau, ihre Weiblichkeit zu erkennen, anzunehmen und in den unterschiedlichsten Formen auszuleben, ohne Scham und Schuld. Es gibt keine Schuld, ihr Lieben, Gott würde euch niemals schuldig sprechen, also tut es auch nicht. Nicht eure Mitmenschen und erst recht nicht euch selbst.

Jede Frau trägt die Erinnerung an ihre Schuld und Scham wegen ihrer Sexualität in sich. Die Erinnerung an eine Zeit, in der sie von der männlichen Energie nicht wertgeschätzt wurde.

Die Erinnerung an die Geburt, die oft mit starken Schmerzen oder sogar mit dem Tod einer oder beider Körper in Zusammenhang stand.

Die Erinnerung, als Frau oft nicht versorgt gewesen zu sein, da das gewünschte Kind wichtiger war als sie.

Die Erinnerung an die Trauer, mit dem Schmerz allein gewesen zu sein.

Die Erinnerung an die Scham der Frauen über ihren Körper, entstanden durch die vielen Geschehnisse im Kontakt zwischen männlicher und weiblicher Energie.

Die Erinnerung an die Schuld der Frauen durch die Schwangerschaft. Die Schuld gegenüber Gott, die oft nicht einmal bewusst gespürt wurde, sondern eine unbewusste Abfolge von Erinnerungen auslöste.

Alle diese Energien, Erinnerungen, können durch die weltliche Geburt transformiert werden. Wichtig ist, dass ihr bereit seid, den gesamten Schmerz in euch loszulassen. Die Scham, die ihr heute noch spürt, wenn ihr eure Sexualität lebt, die Schuld, die ihr anschließend spürt, der Schmerz über den scheinbaren Verlust der Weiblichkeit, genommen durch den männlichen Besitzanspruch — seid bereit, dies alles gehen zu lassen.

Gebt euch dem Schmerz und der Trauer hin und macht euch bewusst, dass ihr nicht alleine seid. Ihr seid versorgt durch die Geistige Welt. Macht euch bewusst, dass ihr nicht handlungsunfähig seid, ihr habt die Mittel in der Hand, den Schmerz zu minimieren, ihn nicht mehr in seiner gesamten Stärke aushalten zu müssen. Ihr müsst es nicht hinnehmen, ihr könnt handeln. Seid mutig und gesteht euch ein, wenn ihr nicht mehr könnt, der Schmerz zu groß wird und die Ängste euch übermannen. Gebt sie uns, ruft uns, wir sind bei euch. Ihr müsst nicht mehr durch den gesamten Schmerz, um all das aufzulösen. Es geht um die Annahme der Geburt als Schöpferakt, als Reinigungs- und Transformationsprozess. Seht in ihr eine Möglichkeit, euch von den Erbthemen der verletzten Weiblichkeit zu befreien. Der Schmerz und das Blut werden euch reinigen. Aus eurem Sein, aus eurem Körper, wird die Erinnerung eurer Ahnenreihe getragen. Erkennt das Geschenk darin. Es ist großartig.

Bleibt in eurer Mitte und seid bereit, alles gehen zu lassen, euren Körper gehen zu lassen, und bittet uns, euch aufzufangen. Wir werden euch halten, so, wie wir es immer tun. Wir werden euch halten und nähren, euch die Kraft geben, die ihr braucht, um loszulassen. Euch fallenzulassen und dem Kontrollverlust hinzugeben, ihn zu akzeptieren und als Geschenk zu sehen.

In eurer Angst vor dem körperlichen Schmerz und der fehlenden Kraft liegt ein Geschenk. Das Geschenk, alle Nöte an uns abgeben zu können.

Erkennt, dass ihr die Aufgaben eures Lebens nicht alleine tragt, sondern wir gemeinsam ein Teil jeder Aufgabe sind. Dass wir euch tragen, in jeder Situation, in jedem Augenblick eures Seins.

Aktivierung des Wurzelchakras bei der weltlichen Geburt

Mein liebes Kind, bei der weltlichen Geburt, um es in eurer Sprache auszudrücken, wird das Wurzelchakra noch einmal tief berührt.

Auch beim Kaiserschnitt ist dies der Fall, aber bei der natürlichen Geburt ist die Konfrontation mit den Ängsten und den Energien dieses Chakras höher. Wir haben beschrieben, dass die Beseelung über das Wurzelchakra stattfindet. Bei der natürlichen Geburt findet auch das Loslassen des Kindes über das Wurzelchakra statt. Ankunft und Trennung geschehen auf dieser Ebene und konfrontieren die Mutter dadurch ein zweites Mal mit den Dingen, die in diesem Chakra verankert sind. Auch das ist individuell unterschiedlich, aber wir möchten euch noch einmal die Zusammenhänge bewusst machen.

Das Wurzelchakra stellt die Basis dar, den Gegenpol zum Kronenchakra, und damit gleichermaßen die Verbindung zu Mutter Erde und Gott Vater. Es ernährt euch im Leben, versorgt euch mit der Energie der Erde und der göttlichen Quelle. Es kann niemals erlöschen, so lange eure Seele auf der Menschenebene verweilt. Ebenso kann es niemals vollständig blockiert sein: Einige kleine Blockaden zeigen euch im Außen eure Aufgaben, aber euer Leben ist zu jedem Zeitpunkt gesichert, so lange es die Zeit der Seele auf der Menschenebene bedingt.

Durch die Aktivierung dieses Chakras bei der Geburt kommt noch einmal die Angst und damit die Möglichkeit, euch bewusst zu machen, dass ihr versorgt seid. Eure mütterliche Energie voll entfalten zu können, ohne den Anspruch zu haben, perfekt sein zu müssen. Ihr könnt eure Energie hergeben, da ihr nie ihren Verlust erfahren müsst. Über die Anbindung an Mutter Erde und Gott Vater werdet ihr immer versorgt sein, ihr müsst die Energie lediglich in euer Bewusstsein bringen, sie in euch hineinfließen lassen.

Eine weitere wichtige Erfahrung ist die Angst davor, vergänglich zu sein. Eure Angst, bei der Geburt den Schmerz nicht auszuhalten, ist die Erinnerung an gelebte Inkarnationen und damit an den tatsächlichen Verlust eures körperlichen Daseins. Andererseits erlebt ihr ein scheinbares Teilsterben eures Daseins, indem eurer Kind den Seelenanteil mit aus eurem Körper nimmt, den ihr ihm bei der Ankunft der Seele in euch überlassen habt. Ihr hattet in der Zeit der Kindesreifung zwei Seelen in euch, wart angebunden an die göttliche Quelle und habt, wenn auch unbewusst, diese Energieerhöhung in eurem Körper wahrgenommen. Nun lasst ihr die Seele los und fühlt euch wieder allein, abgetrennt von der göttlichen Quelle und energetisch unterversorgt. Nicht genährt vom Leben. Abgetrennt von der eigenen Mutter in Kombination mit dem scheinbaren Verlust der Seelenenergie in euch.

Werdet euch auch hier dessen bewusst, dass ihr immer angebunden seid und es nicht notwendig ist, sich über andere Seelen zu ernähren. Ein Teilsterben findet statt, da ihr den Anteil eurer Seele nun aus eurem Körper löst. Ihr erlebt den Kontrollverlust, spürt, dass etwas gehen muss, das eigentlich euch gehört: ein Teil eures Daseins.

Es ist kein Sterben, nicht im weltlichen Aspekt, sondern bietet euch große Möglichkeiten. Eure Kinder sind eure Spiegel. Sie spiegeln euch eure Themen, nicht nur in der Schwangerschaft, sondern wenn sie selbst in die Welt der Dualität eingetaucht sind. Ihr alle habt in eurem Seelenplan verankert, welche Themen ihr euch anschauen möchtet, sogar wer sich in eurem Leben zeigen darf. Euer Kind ist euer wichtigster Spiegel. Dieser ist einmal geprägt durch die Erinnerung an euren Seelenplan, die Spindel in euch, zum anderen trägt euer Kind Anteile eines jeden Elternteils in sich.

Schaut euer Kind an, und ihr werdet euch selbst darin erkennen. Ihr werdet euch sehen, euch an eure Geburt erinnern, an die Versorgung durch eure Mutter und welche Anteile in euch erlöst werden möchten. Die Anteile eines jedes Elternteils ergeben einen Aspekt des sogenannten Inneren Kindes bei eurem weltlichen Kind. Immer wieder wird dieser Aspekt leben, sich zeigen wollen und durch die unterschiedlichsten Aufgaben sichtbar werden. In Situationen, in denen ihr nicht mehr weiterwisst, euer Kind nicht versteht, fragt euch, was euer Inneres Kind euch sagen möchte. Fragt euch, wie ihr euch gerade fühlt, und erkennt die Möglichkeit darin.

Nicht erst nach der weltlichen Geburt kommt ihr in Konfrontation damit, sondern während des Geburtsvorgangs bei der Illusion, ihr könntet diesen Teil für immer verlieren. Ihr verliert ihn nicht wirklich, er lebt im Körper eures Kindes, aber ihr seid immer miteinander verbunden.

Segnet euch und euer Kind für eure Bereitschaft, euch gegenseitig dieses großartige Geschenk zu machen. Segnet euch beide in Liebe und fühlt euch gesegnet durch die Geistige Welt. Erkennt die Möglichkeiten in den Aufgaben, die euch manchmal unlösbar erscheinen. Löst euch von eurer menschlichen Vorstellung einer Schwangeren und einer guten Mutter. Fühlt in euch hinein und lebt eure weibliche Energie. Es ist an der Zeit, sie möchte erlöst und gelebt werden.

Durch die Geburt eures Kindes könnt ihr alles transformieren, was in Resonanz geht in euch, sei es durch diese oder eine vergangene Inkarnation. Seid euch bei allem, was ihr tut, sicher, dass ihr nichts Falsches tun könnt, sondern versorgt und geschützt seid. Ihr seid niemals allein, sondern ein Teil des Großen Ganzen. Fühlt euch geborgen, behütet und genährt.

Bereitet euch auf die Geburt vor, indem ihr übt loszulassen. Spürt in euch hinein, wenn Ängste aufkommen, und dann übergebt sie uns. Bittet uns an eure Seite, wir nehmen euch die Last ab, die ihr bereit seid herzugeben. Behaltet nichts für euch, weint, schreit, seid ihr selbst, jetzt und während der Geburt. Lasst euren Gefühlen freien Lauf und, vor allem: lasst los.

Wir transformieren durch eure Bereitschaft alles in Licht und Liebe. Wir danken euch dafür.

Wir danken euch für eure Bereitschaft.
Wir lieben euch.

Die weltliche Geburt für die Seele in euch

Das Kind in euch ist herangereift, fühlt sich noch im Einklang mit der Geistigen Welt und ist mental auf die weltliche Geburt vorbereitet. Doch trotz aller Vorbereitung ist es auch für die Seele in euch eine wahrliche Herausforderung, wenn sie in die Welt der Dualität eintaucht.

Für sie ist dieser Vorgang nicht mit so viel Schmerz verbunden, wie ihr Frauen ihn ertragen müsst, aber dennoch sehr anstrengend, da sie sich darauf verlassen muss, durch den Geburtskanal weitergetragen zu werden. Sie ist handlungsunfähig in diesem Moment, fühlt sich dieser Ohnmacht ausgesetzt, und es geht bei ihr jetzt schon darum, die Verbindung zu Gott zu erhalten. Im Vertrauen zu bleiben, versorgt zu sein, getragen zu werden.

Natürlich ist die Geistige Welt sozusagen vor Ort und an eurer Seite, dennoch spürt die Seele nun stetig die scheinbare Trennung von der Geistigen Welt, der göttlichen Quelle, ihrem Zuhause. Das erfüllt sie mit einer Sehnsucht, so, wie ihr sie seit Anbeginn eurer Zeit auf der Menschenebene in eurem Herzen spürt.

Zusätzlich erfährt die Seele alle Projektionen eurer Ängste. Das bedeutet, alles, was ihr in dem Moment der Geburt fühlt, denkt und hofft, projiziert ihr auf euer Kind. Jetzt seid ihr noch einmal intensiv eins, und euer Kind spürt alles, was ihr auch spürt.

Nachdem die Seele den Geburtskanal passiert hat, erlebt sie ihre nächsten Herausforderungen. Als die Seele noch in euch war, entwickelte sie bereits ihre Aura und dehnte sie langsam aus. Ihr fühltet euch begrenzt und spürtet, dass es eng wurde in eurem Bauch. Im Moment der Geburt ist die Aura eures Kindes erstmals völlig entwickelt und in ihrer gesamten Form und Schönheit ausgebreitet.

Damit empfängt die Kinderseele nun nicht mehr die geschützten Reize im Mutterleib, sondern nimmt die der Außenwelt auf. Das ist für diesen kleinen Körper und ihre Seele wahrlich eine große Herausforderung.

Ohne jemals vorher all dies empfunden zu haben und es zuordnen zu können, wird dieser Kinderkörper nun mit den Reizen etlicher Untersuchungen überströmt. Diese treffen auf den Körper und seine Seele und müssen schleunigst verarbeitet werden.

Achtet daher auf eine ruhige Atmosphäre, sprecht mit euren Ärzten und Hebammen, wie ihr euch das Ankommen der Seele auf der Erde vorstellt. Es gibt auf eurer Ebene sehr große Unterschiede, was den Umgang mit einer angekommenen Seele betrifft. Wir bitten euch: Achtet als Eltern darauf, dass eurer Kind in ruhiger und warmer Atmosphäre ankommen darf.

Die Aura breitet sich nun aus, das bedeutet auch, dass dem Körper und seiner Seele erst einmal die Begrenzung des mütterlichen Körpers fehlt. Sie sind unbegrenzt, frei, aber haltlos. Die Seele fühlt sich orientierungslos und allein. Sie befand sich im Zustand der Schwangerschaft noch in eurer dichtesten Auraschicht, die den meisten Schutz bietet und in dem die Reize von außen bereits vorsortiert waren.

Nun fällt diese Ebene weg. Die Aura des Kindes ist zwar bereits aktiv und ausgebreitet, aber die Übersetzung der ankommenden Reize muss erst einmal gelernt werden. Es ist wie eine neue Sprache für euch, ein Kennenlernen des eigenen Körpers und der Gegebenheiten der Umwelt.

Dass ihr euer Kind in den Armen haltet, ist sehr wichtig. Haltet es nach der Geburt so schnell wie möglich. Wenn es bei euch auf der Brust liegt, ist es in eurer ersten Auraschicht wieder geschützt.

Es wird sich beruhigen und sich geborgen und beschützt fühlen. Viele Kinder brauchen diese Begegnung, das Gehalten-Werden, noch sehr lange nach der Geburt. Gebt ihnen diese Möglichkeit, denn es schützt sie vor Überbelastung und euch vor der Überforderung, die sie über ihr Schreien definieren.

Die Seele ist direkt nach der Geburt Zeit und Raum ausgesetzt. Ihr erinnert euch, die Seelenebene hat keine Zeit, kein lineares Denken. Vom Zeitpunkt der Geburt an muss sie sich nun den Gegebenheiten anpassen, sich an die Abläufe der Zeit und des Raums gewöhnen. Daher ist es wichtig, dass ihr ruhig mit eurem Kind umgeht. Schützt und haltet es, es ist vielen Herausforderungen ausgesetzt.

Seht, euer Kind war in euch geschützt und geborgen und zu jedem Augenblick durch euch versorgt. Es musste sich um nichts kümmern, sich nicht bemühen und war keiner Belastung ausgesetzt. Verlangt nicht von ihm, dies alles bereits in den ersten Lebensjahren aufzuholen. Seht immer den Erfahrungsunterschied zwischen euch und eurem Kind, ohne darüber zu urteilen, denn ihr könnt gerade in dieser Zeit sehr viel von ihm lernen.

Euer Kind war uneingeschränkt versorgt über die physische Nabelschnur. Der Körper bekam alle Nährstoffe, die er brauchte. In dieser Zeit seid ihr großartig in der Vorsicht, alles richtig zu machen. In dem Zustand der Schwangerschaft pflegt und achtet ihr euren Körper so, wie es ihm zu jedem Zeitpunkt eures Seins guttun würde.

Die Seele ist versorgt durch die göttliche Quelle. Alles ist im Einklang und harmonisch. Nun kommt sie auf die Menschenebene, die Nabelschnur, die Verbindung zur Mutter, wird getrennt. Die energetische Verbindung bleibt bestehen, aber die physische wird direkt nach der Geburt gelöst. Diese Trennung symbolisiert eurem Kind das Getrenntsein von Gott. Die Versorgung fällt scheinbar weg, euer Kind spürt Hungergefühl und begreift jetzt die Vergänglichkeit seines Körpers. Es hat Angst zu verhungern, nicht mehr genährt zu sein, hilflos, da es noch so klein ist, sich nicht äußern kann und keinen Halt hat. Noch nicht.

Die Seele ist orientierungs- und haltlos, und es ist wichtig, dass ihr eurem Kind diesen Halt gebt. Das Vertrauen, versorgt zu sein, genährt zu sein vom Leben, unabhängig von den äußerlichen Umständen.

Nur wenn ihr eins seid und verstanden habt, dass ihr niemals unversorgt, sondern in jedem Augenblick eures Seins mit der Quelle verbunden seid, könnt ihr diese Vorstellung an euer Kind weitergeben. Geht ins Vertrauen, schaut hin, ihr seid niemals allein, sondern immer versorgt.

Fühlt euch getragen vom Leben, von Mutter Erde, der Mutter Gottes, Gott Vater. Sie alle sind in Momenten der Grenzerfahrung an eurer Seite. Im Zusammenspiel zwischen eurem weltlichen Anfang und Ende, zu jedem Zeitpunkt. Es ist eure Aufgabe zu erkennen, dass ihr alle eins seid, im Kreislauf des Lebens integriert. Niemals endet dieser Kreislauf, ihr seid der Kreislauf, ihr belebt ihn auf all euren Ebenen mit eurem einzigartigen Dasein.

Im Kollektiv getragen, geht jede Seele ihren Weg der Entfaltung — wie ein Schmetterling, der durch eine Raupe entsteht, seine Flügel ausbreitet und losfliegt. So fliegt auch ihr durch euer Leben und versucht, es in Leichtigkeit zu erleben, die Erfahrungen als Geschenk zu sehen und die Aufgaben jederzeit als lösbar zu betrachten. Macht euch bewusst, dass ihr handlungsfähig, Schöpfer eures Lebens seid und geht in die Situation der Geburt mit dem Bewusstsein, wahrlich etwas Großes entstehen zu lassen.

Die Geistige Welt ist euch dankbar für euren Mut. Dankbar für eure Bereitschaft, Leben zu materialisieren. Dankbar, dass ihr diese Aufgabe gewählt habt, um für das Kollektiv einen wichtigen Beitrag zum Wachstum zu leisten.

Sprecht euch Dank und Achtung aus für euch und euer Leben. Achtet und liebt euch so, wie wir es tun. Wir lieben und achten euch und sind immer an eurer Seite.

☆☆☆

Der Kaiserschnitt – Der weltliche Schnitt durch die geistige Transformation

Meine lieben Menschenkinder, ein Kaiserschnitt ist auch ein Geschenk, ein Teil Gottes, sonst gäbe es ihn auf eurer Ebene nicht. Allen Vorurteilen, keine gute Mutter zu sein, versagt zu haben, können wir tröstend entgegenwirken. Es ist ein Schnitt mit der Möglichkeit, alles sofort zu transformieren, wobei bei der normalen Geburt die kollektiven Erinnerungen transformiert werden.

Ihr habt gelernt, dass ihr alle eins seid, dass jede brennende Kerze auf eurer Ebene des Seins das Licht des gesamten Kollektivs ausmacht. Ihr habt gelernt, niemals allein zu sein und dass alle Erfahrungen, die ihr macht, die Erfahrungen des gesamten Kollektivs sind. So auch die Transformation durch die natürliche Geburt.

Wenn ihr für euch nicht die Möglichkeit seht, euer Kind auf natürlichem Weg zu gebären, dann ist das auch gut, denn es ist nicht eure alleinige Aufgabe, alles zu transformieren, was das gesamte weibliche Kollektiv erfahren hat. Es gibt genügend Frauen, die in der jetzigen Inkarnation keine Kinder gebären, und doch wird durch jede gebärende Frau kollektiv der Schmerz Stück für Stück erlöst.

Seht es nicht als Belastung, als Versagen oder als schlecht an, wenn aus verschiedenen Gründen die Geburt nicht den Weg nimmt, den ihr euch in eurer Vorstellung vorher ausgemalt habt. Alles ist richtig, denn ihr habt euch vorher in eurem Plan auch die Möglichkeit des Kaiserschnitts eingeräumt.

Seht, ihr könnt keine Ängste transformieren, wenn ihr euch ihnen zwar aussetzt, aber dann keinen Frieden mit ihnen schließen könnt. Ihr könnt sie anschauen, aber zum Auflösen dieser Ängste ist es wichtig, sie auch loszulassen und nicht unter allen Umständen etwas erzwingen zu wollen. Euer Herz ist euer Anzeiger, daher trefft auch diese Entscheidung zu jedem Zeitpunkt aus eurem Herzen heraus.

Ihr nehmt keinen Schaden, wenn ihr euch für einen Kaiserschnitt entscheidet, außer den, den ihr euch durch euren Verstand selbst erschafft. Für manche Frauen unter euch ist es sogar sehr wichtig, keine natürliche Geburt zu wählen — sie haben entweder in ihrem Beutel weitere Aufgaben, die einen Kaiserschnitt bedingen, oder sie sind in diesem Moment mental nicht in der Lage, sich anschließend an die Göttlichkeit zu erinnern. Das Glücksgefühl, die Liebe zu sich und dem Kind würden ausbleiben, weil sie sich mental nicht öffnen könnten. Auch das ist nichts Falsches, denn ihr werdet viele Situationen erleben, in denen ihr euch erinnern dürft.

Ein Kaiserschnitt bietet dem Kind in euch zusätzlich die Möglichkeit, sich nicht allen von euch projizierten Ängsten aussetzen zu müssen. Es erfährt in euch den Weg durch das Wurzelchakra nicht und wird daher weniger mit euren Ängsten konfrontiert, was sich im Erdenleben deutlich bemerkbar machen wird. Diese Kinder tragen weniger Ängste in ihrem Erbgut, können freier leben und sich anderen Dingen widmen. Sie bekommen schneller Zugang zu ihren Themen und spiegeln euch eure früher.

Eine Herausforderung stellen beide Geburtswege dar, nur auf einer anderen Ebene. Seht, ihr seid auf der Menschenebene durch euren Verstand immer dazu angehalten, euch selbst einzuengen, euch Regeln aufzuerlegen, die euch nicht immer dienlich sind.

Eure Vorstellung einer perfekten Geburt und einer perfekten Mutter gibt es nicht. Ihr werdet in euren Augen niemals gut genug sein, wenn ihr nicht von Anfang an euren Verstand darauf schult, dass alles richtig ist, was ihr mit eurem Herzen vertreten könnt. Wenn ihr aus vollem Herzen Entscheidungen trefft, habt ihr nach eurem Ermessen richtig gehandelt.

Wir möchten noch einmal sagen: In unseren Augen existiert ein Richtig oder Falsch nicht. Ihr könnt nichts Falsches tun, eure Seelenpläne sind aufeinander abgestimmt und bringen euch immer die Umstände in euer Leben, die wichtig zu ihrer Erfüllung sind. Urteilt nicht über euch, verurteilt und bewertet nicht, sondern akzeptiert die Umstände so, wie sie sind, und bleibt im Vertrauen, genau das Richtige zu tun. Ihr werdet geliebt und geachtet, egal, welche Entscheidungen ihr trefft.

Eine natürliche Geburt gibt euch die Möglichkeit zur Transformation, ein Kaiserschnitt gibt euch die Möglichkeit, schneller an den Themen in eurem Inneren zu arbeiten. Beachtet dabei noch einmal, dass der Seelenplan eures Kindes keine unbedeutende Rolle spielt. Es gibt Seelen, die einen Kaiserschnitt als Geburtsmöglichkeit wählen, weil sie genug Aufgaben haben, mit denen sie direkt konfrontiert werden, wenn sie in die Ebene der Dualität eintauchen. Ein natürlicher Geburtsweg wäre für sie zu anstrengend. Die Konzentration auf die eigentlichen Aufgaben wäre verschwommen und vielleicht, je nach den Ängsten der Mutter, nicht mehr wahrzunehmen.

Ihr wachst aneinander, jeder durch den anderen.
Ihr lernt voneinander, jeder durch den anderen.
Ihr lebt voneinander, jeder durch den anderen.

Vertraut auf euch und euer Zuhause,
der göttlichen Einheit.
Vertraut darauf, dass alles
zum richtigen Zeitpunkt richtig ist.
Vertraut darauf, dass ihr gehalten werdet.
Vertraut darauf, dass ihr geliebt werdet.
Vertraut darauf, dass ihr geachtet werdet.
Zu jedem Zeitpunkt, in jedem Augenblick.

Wir danken euch.

Die Atmung – Öffnung des Tors in die göttliche Einheit

Der erste Atemzug des Lebens erinnert dich an deinen Ursprung. Er verbindet dich mit Gott und stellt im Gegenzug die Annahme des Lebens in der Dualität durch die Seele dar — die Annahme dessen, was ist. Das vollständige Eintauchen in die Ebene der Dualität, mit all ihren Daseinsformen.

Bei der Geburt ist der erste Atemzug gekoppelt mit der Ankunft eurer geistigen Helfer. Sie haben die ganze Zeit auf euch gewartet, waren an eurer Seite, aber nun habt ihr auf der Ebene der Dualität eine energetische Verbindung zu ihnen. Ihr könnt sie rufen, euch von ihnen nähren lassen und euch durch sie an eure eigene Göttlichkeit erinnern.

Für dich, mein liebes Menschenkind, ist die Atmung auch eine Erinnerung an Gott. Die Erinnerung, immer verbunden zu sein. Je tiefer du atmest, desto verbundener fühlst du dich, weil deine Zellen sich in ihrer Gesamtheit daran erinnern. Die Informationen innerhalb deiner Zellen, dass sie kein Individuum sind, sondern eine geschlossene Einheit, verbunden mit der All-Einheit, werden damit in Resonanz gehen. Über jede einzelne Zelle kannst du dich in deiner Gesamtheit daran erinnern.

Je tiefer du atmest, desto mehr Zellen gehen in die Erinnerung, und desto besser fühlst du dich in deiner Gesamtheit, deiner Göttlichkeit.

Die Geburt deines Kindes birgt für dich die Aufgabe, dich an Gott zu erinnern. Ihn in dir zu finden und zu leben.

Dich fallenzulassen in seine Hände und dich auffangen zu lassen im Moment der körperlichen Vergänglichkeit. Gehe mit jedem Atemzug bewusst in die Verbindung.

Atme tief ein und sage dir mental, dass du dich in diesem Augenblick mit deiner Urschwingung verbindest, eintauchst in die göttliche Ebene, dich führen und halten lässt. Atme tief aus und sage dir mental, dass du bereit bist, loszulassen, dich fallenzulassen in die Hände Gottes.

Spüre in diesem Moment die Verbindung über dein Herz zur göttlichen Quelle und zu deinen Helfern, die zu jedem Zeitpunkt um dich sind. Sie führen dich und erinnern dich an deine Atmung. Hör ihnen zu, sie sprechen aus, was dein Herz dir sagen möchte. Fühle dich verbunden mit der Einheit und lass zu, dass deine Helfer für dich dieses Gefühl in dir heranwachsen lassen. Lass zu, dass du dich nach der Geburt deines Kindes daran erinnern kannst, dass deine Zellen die Erinnerung leben, damit du vollständig in deiner Mitte sein kannst.

Freue dich auf die Möglichkeiten, die dir gegeben sind, und befreie dich von jeglichem Druck. Sei dir sicher, dass du alles richtig machst und geliebt wirst.

Du bist geliebt und geachtet, und die göttliche Quelle freut sich bei dem Gedanken, dich bald in ihr zu spüren. Dich zu Hause zu spüren und dich darüber auf der Ebene der Dualität führen zu dürfen.

Fühle dich zu Hause, geborgen und in Wärme und Liebe gehüllt.

Sei in dir und in Gott.

Danksagung der Geistigen Welt

Ich bin, der ich bin und immer war.
Ich spreche zu dir, ich, Jesus Christus.
Wir sind alle Söhne und Töchter Gottes.
Auch du.

Ich segne dich in Liebe und hülle dich ein mit der Liebe von Gott Vater.

Ich werde bei dir sein, an deiner Seite, und dich begleiten auf deinem Weg durch die weltliche Geburt deines Kindes.

In voller Hochachtung schauen wir diesem Ereignis entgegen und sind berührt von deiner Stärke und Kraft.

Du bist ein wahrlich großartiges Wesen, in seiner Entfaltung für das menschliche Auge nicht wahrnehmbar.

Wir sehen dich in deiner vollständigen Entfaltung, in deinem ganzen Sein, und wir können dir sagen: Du bist ein wundervolles Wesen.

Du bist ein Lichtträger und trägst ein Kind des Neuen Zeitalters in dir. Damit bringst du eine helle Kerze auf diese Ebene der Menschenkinder, eine Veränderung dieser Ebene wird vollzogen. Durch jeden von euch.

Ihr seid es, die die Ebene zu dem machen, was sie ist, die ihren Planeten zu einem wunderschönen Ort des Lebens entfalten lassen.

Seid gegrüßt aus der Geistigen Welt und vertraut auf euch.

Wir sind in euch und arbeiten durch euch.

Wir danken euch für eure Bereitschaft, alle Aufgaben der Dualität zu bewältigen.

Du bist gesegnet auf deinem Weg, in jedem Moment.

Ich segne dich und dein Kind in dir und bitte euch alle, euch zu erinnern.

Ich halte meine Hände über euch und lasse Segensenergie in euch einfließen.

Spürt das helle Licht, das nun in euch strömt.

Ich danke euch allen.

Liebe Leserin,

die letzten Seiten waren die schwierigsten und nahmen viel Zeit in Anspruch, da ich so in Resonanz mit dem Geschriebenen ging, dass es mich an einigen Tagen durcheinanderwarf. Aber es gab mir Mut. Einmal, bei der nächsten Geburt zu wissen, nicht alleine zu sein, wirklich aufgefangen und geführt zu werden. Des Weiteren, bei einem möglichen Kaiserschnitt sicher zu sein, nichts Falsches getan zu haben.

Für mich war die Geburt meiner Tochter ein traumatisches Erlebnis, weil ich mich den Vorstellungen hingegeben hatte, wie eine Geburt und eine gute Mutter zu sein haben. Ich war so sehr geprägt von meinen Vorstellungen und denen der Gesellschaft, dass ich ein Versagensgefühl hatte, per Kaiserschnitt entbunden zu haben. Ich machte sogar einige Therapiesitzungen und befragte ein Medium, weil ich mich mit der Tatsache, der Göttlichkeit entgegengewirkt zu haben, nicht abfinden wollte. Ich fühlte mich schuldig, als Versagerin, und dachte zudem noch, ich hätte nicht das Beste für mein Kind in mir getan. Diese Selbstvorwürfe haben mich sehr viel Energie gekostet.

Ich war zu schwach, die Schmerzen und den körperlichen Zustand der Geburt auszuhalten. Ich bettelte um den Kaiserschnitt, weil ich es einfach nicht mehr ertragen konnte und von meinen Ängsten so übermannt war, dass ich die Geistige Welt trotz des Wissens, dass sie an meiner Seite war, nicht spüren konnte. Mein Mann spürte sie, er war in Harmonie mit der Geistigen Welt und so aufgefangen, wie man in diesem Moment nur sein kann.

Durch den Anästhesisten, der versuchte, mir vorab die Schuldgefühle zu nehmen, wird klar, wie viele Frauen unter uns mit der Entscheidung des Kaiserschnitts kämpfen.

Ich bin dem Anästhesisten dankbar für seinen Versuch, mir Mut zu machen, anzuerkennen, dass ich alles mir Mögliche getan habe und es kein Versagen ist, aufzugeben. Zu diesem Zeitpunkt erkannte ich die Wahrhaftigkeit dieser Worte noch nicht. Jetzt fallen sie mir wieder ein, und ich bin sicher, dass er sie nicht nur mir gesagt hat. Er sagt sie jeder Frau, die im Operationssaal liegt und glaubt, sie hätte nicht alles gegeben.

Auch bin ich der Geistigen Welt unglaublich dankbar für die Möglichkeit, dieses Buch zu schreiben und mir die Fähigkeiten zu geben, mit ihr zu sprechen. Als Kanal für sie zu arbeiten, im Vertrauen zu sein, dass alle Worte, die mir übermittelt werden, die richtigen sind. Ich bin dankbar, dass ich erinnert wurde und lernen durfte.

Die Vorbereitung auf die Geburt meines Sohnes hätte nicht besser verlaufen können. Ich bin nun tief in mir verwurzelt und sicher, dass ich jederzeit getragen werde. Ich bin bereit, mich auf eine natürliche Geburt einzulassen. Das war ich vorher nicht. Mein Herz weinte bei dem Gedanken, einen Kaiserschnitt zu wählen, aber der Schock saß so tief, mein Verstand wollte es nicht zulassen. Nun bin ich bereit, weil ich erkennen durfte, dass es nicht darum geht, in seiner Kraft zu stehen, so, wie wir Menschen es gewohnt sind.

Bei der Geburt in seiner Kraft zu stehen, bedeutet loszulassen. Alles Weltliche, den Körper, die eigenen Wurzeln, die scheinbare Ernährung über die eigene Mutter.

Ich freue mich sehr auf die Zeit mit meinen beiden Kindern, meinem Mann und meinem Hund. Es wird wunderbar, und wir werden uns täglich ein Stück mehr dessen bewusst, wer wir wirklich sind.

In der Zeit der Aggression und Neuorientierung bietet das für mich einen Halt. In jedem Augenblick, der scheinbar unlösbar ist, weiterzumachen, dem Herzen zu folgen und mit mir selbst in Frieden zu gehen — das ist meine neue Aufgabe. Ich gehe gestärkt durch meine Schwangerschaft und werde gestärkt in die Geburt gehen.

Ich wünsche mir sehr, dir, liebe Leserin, auch Mut gemacht zu haben, dass sich dein Körper erinnert und du dir im Moment des Schmerzes bewusst machen kannst, nicht alleine zu sein. Lass dich fallen, auffangen und führen von der Geistigen Welt. Ich sende dir mental meine Hochachtung für deinen Mut. Wir sind alle eins.

Und ich danke von ganzem Herzen allen Frauen, die durch ihre natürliche Geburt ein Stück meiner Erinnerung an Gelebtes transformieren. Ich verneige mich vor euch.

Voller Hochachtung,
Melanie Freudenberger

Nachwort

Von der Geburt meines Sohnes...

Mein Sohn Max ist mittlerweile sieben Monate alt, meine neue Kaiserschnittnarbe fast verheilt. Ich konnte es im ersten Moment kaum glauben, als die Ärztin sagte, Max müsste noch am selben Tag per Kaiserschnitt geholt werden, weil für uns beide eine akute Gesundheitsgefahr bestünde. Ich weinte sogar, so tief saßen die Enttäuschung und der Schock, nach dieser intensiven Zeit und der tiefen Verbundenheit mit der Geistigen Welt eine natürliche Geburt nicht einmal versuchen zu dürfen.

Aber ich wurde aufgefangen, so, wie sie es übermittelt hatte. Ich wurde in einem Gefühl der Sicherheit gehalten, das Richtige zu tun und es zu akzeptieren. Und ich war sehr tief berührt, als ich erfuhr, warum der Kaiserschnitt nun der Weg der Geburt sein sollte:

Ich hatte meine Transformation durch das Schreiben dieses Buches bereits erlebt. Das Gefühl, nicht mehr durch den Schmerz gehen, die Ängste nicht noch einmal erfahren zu müssen, erfüllten mich letztendlich mit tiefer Dankbarkeit.

Wenn ich heute eine schwangere Frau treffe, empfinde ich noch mehr Hochachtung für sie und das Leben, das in ihr wächst, weil ich um ihr Ängste weiß. Und ich kann ihr Trost und Hoffnung spenden und ihr helfen, in ihrer Mitte zu bleiben.

Ich danke der Geistigen Welt zutiefst für die Erfahrungen, das übermittelte Wissen, die Gnade, den Segen, den sie uns spendet, und ihre unermüdliche Liebe zu uns. Ich verneige mich aus ganzem Herzen vor ihr.

In Liebe,

Melanie Freudenberger

Malenia Kay
Herzensworte der Aufgestiegenen Meister
Aufbruch in die Wahrheit
200 Seiten, broschiert
ISBN 978-3-95531-006-6

16 bekannte Aufgestiegene Meister richten Herzensworte der reinen Liebe und des Lichts aus der höchsten göttlichen Quelle an die Menschheit, um zu klären, zu erklären, zu ermutigen und zu stärken.
Jeder von ihnen bringt seine eigene, wahrhaftige Botschaft dar zu verschiedenen Themen, Fragen oder Begriffen der Neuen Zeit, denn nie zuvor war das Tor zu einer höheren Bewusstseinsebene und einer neuen Seelenenergie so nah wie jetzt. Alles und nichts wird infrage gestellt, denn der physikalische sowie der übergeordnete energetische Aufstieg des Energiefelds der Erde wirken auf alle Lebewesen ein und verändern alles.

Daivika
Die Sprache der Götter
Meilensteine in die Ewigkeit
104 Seiten, broschiert
ISBN 978-3-95531-005-9

MUTTER MARIA, BUDDHA, KRYSTOS und HERA führen sanft an die ersten Meilensteine heran, füllen die Schatzkammer eines jeden Herzens und verbinden es mit der Schöpferkraft der Seele.
Jeder neue Meilenstein gibt die Möglichkeit, tiefer in die Heiligkeit des Lebens einzutauchen. LADY VENUS, SANAT KUMARA, SANANDA, BLUESTAR, SHANDRA, AMRITA, WHITE EAGLE und GÖTTIN HINA bereiten langsam auf den letzten Meilenstein vor, an dem die Göttinnen der Vierheit ISIS, NEPHTHYS, SELKET, NEITH zu einer Reise einladen, während der sich 147 Türen leise hinter uns schließen und der liebende Hauch des kosmischen Hauses sich sanft mit unserem Atem verbindet.

Zora Gienger
Das große Einhorn-Engel-Buch
Erwecke die Einhorn-Engel-Kraft in dir
288 Seiten, geb., mit Leseband
ISBN 978-3-95531-002-8

Wer sind die Einhorn-Engel-Menschen? Was zeichnet sie aus? Und wieso ist es jetzt so wichtig, dass sich so viele wie möglich untereinander vernetzen, um dem gesamten Planeten mit ihrer liebenden, reinen, ritterlichen und aufrichtigen Herzensenergie zur Seite zu stehen?
Diese Fragen und viele mehr werden hier beantwortet und wer diese Eigenschaften in sich trägt.
Darüber hinaus sind viele Übungen enthalten, die es jedem ermöglichen, Einhorn-Engel-Eigenschaften in sich zu integrieren.
Ein Buch, das weit über das bisherige Wissen über Einhörner hinausgeht, denn bisher offenbarten sich die Einhörner nur wenigen Menschen in ihrer gesamten Energie. Doch nun ist es Zeit, dass sich nicht nur die Einhörner zeigen, sondern sich auch die Menschen wiedererkennen, die die Einhorn-Kraft in sich tragen.

Ava Minatti
Sternenfelder der Heilung
208 Seiten, broschiert
ISBN 978-3-95531-003-5

Wir sind aus Sternenstaub geboren. Wir sind Sternenkinder. Deshalb ist die Sehnsucht nach den Sternenwelten tief in uns verwurzelt und das Betrachten des funkelnden Nachthimmels löst so viel Vertrautes in uns aus.
In der jetzigen, Neuen Zeit wird die Materie durchlässiger und der Austausch mit den Sternenebenen und Sternenwesen deutlicher, klarer und intensiver. Die Zellen kommunizieren mit und reagieren auf die kosmischen Kräfte.
Jeder Sternenraum beinhaltet eine einzigartige Energie, die jeder für sich nutzen darf, um das Heilsein im Hier und Jetzt zu erfahren und zu feiern.

Ulrike Koller & Raimund Stix
Das Leben in der 5. Dimension
21 Briefe an die Menschheit
196 Seiten, Großformat, broschiert
ISBN 978-3-95531-010-3
Mit zahlreichen farbigen Abbildungen

Dieses Werk dient als Hilfestellung im Umgang mit dem Erwachungsprozess in der 5. Dimension. Den Autoren gelingt es in einer leicht verständlichen und manchmal humorvollen Form, den Leser in Dialogen an brisante Themen der Menschheit heranzuführen und diese auf den Punkt zu bringen.

Es werden ebenso Antworten auf die zahlreichen Fragen des Lebens in voller Klarheit und göttlicher Liebe übermittelt. Die Worte und Schwingungen fließen beim Lesen in das gesamte Bewusstsein ein und führen zu tiefgreifenden Erkenntnissen und Bewusstseinsöffnungen.

Die Ganzheit dieses Buches zeigt sich in einer wunderbaren Kombination der empfangenen Botschaften und grandiosen Aufnahmen von Mutter Erde.

Shalin Alisha Desmûn
Einweihung in die Drachenflammen
Meisterweg zur Selbstermächtigung
292 Seiten, geb., mit Leseband
ISBN 978-3-95531-007-3

Die Drachen sind uralte Seelenführer und Meister im Erschaffen und Lenken von Energien und Elementen. Durch die Neue Zeit wurde der tiefere Kontakt zwischen Drachen und Menschen wieder möglich, und dem Weißen Königsdrachen ist es ein großes Anliegen, alte Wunden aus der gemeinsamen Vergangenheit zu heilen und den Menschen das zurückzubringen, was sie an schöpferischen Kräften und Fähigkeiten in sich verloren (geglaubt) oder verschlossen haben. Jeder lernt seinen persönlichen Drachenfreund/seine persönliche Drachenfreundin kennen und heilt mit ihm/ihr Seite an Seite.

Durch jeden Menschen, der sich den Drachen wieder öffnet, fließt beiden Partnern die liebevolle Selbstermächtigung zu, gemeinsam zu heilen und Neues zu erschaffen.

Ingrid Theresia Bleier
Vom Inneren zum Göttlichen Kind
Praxisbuch zur Tiefenheilung
208 Seiten, A5, gebunden, mit Leseband
ISBN 978-3-941363-85-4

Wir wollen die Welt verändern? Die Elohim, die Schöpferengel Gottes, sagen uns, wo jeder von uns sofort ansetzen kann: bei sich selbst! Es ist die Entwicklung des Inneren Kindes zum Göttlichen Kind.
Die Übermittlungen und Meditationen der Elohim machen die wertvolle Innere-Kind-Arbeit zur spirituellen Transformation in Liebe. Dabei geben uns die Engel alltagstaugliche Hilfe in Form von sieben leicht anzuwendenden Meditationen – entsprechend der sieben Altersstufen der kindlichen Entwicklung. So gelingt es dem Leser, Schritt für Schritt seine persönlichen Kindheitsthemen auf den Punkt zu bringen, die sich im Hier und Jetzt störend zeigen. Der Erkenntnis folgt die Auflösung.

Sabine Skala
Leben in der Neuen Zeit
Verbindung zur Siebten Dimension
224 Seiten, A5, broschiert
ISBN 978-3-941363-83-0

Dieser spirituelle Reiseführer bietet ein großes Spektrum an Hilfen und Möglichkeiten, in die nächsthöhere Schwingung aufzusteigen und dort beständig zu leben. Vorschläge, wie wir eigenverantwortlich handeln, leben und unsere Umgebung in ihrer Energie stärken und heilen können, werden in dieser besonderen Phase des Aufstiegs durchgegeben. So erhalten wir wichtige Informationen, wie wir in unsere Macht zurückkommen, um frei und wahrhaftig zu leben.
Neue Zeremonien, wie die Lichttaufe eines Kindes, überbringen uns Beispiele, wie wir alte Riten in die Schwingung der Neuen Zeit transformieren können.
Mit vielen praktischen, energetischen und spirituellen Tipps für ein glückliches und erfülltes Leben in der Fünften Dimension und darüber hinaus.